AF523512

Michael Debus

Das Rätsel der Trinität

Michael Debus

Das Rätsel der Trinität

Annäherungen an ein Gottesverständnis der Zukunft

Verlag Freies Geistesleben

ISBN 978-3-7725-2808-8

1. Auflage 2023

Verlag Freies Geistesleben
Landhausstraße 82, 70190 Stuttgart
www.geistesleben.com

Umschlagbild: Hildegard von Bingen, *Trinität*
(Scivias, Liber II, vision II).
Codex Latinus 1942 in der Bibliotheca Governativa di Lucca
Druck: GGP Media GmbH, Pößneck
Printed in Germany

Inhalt

Vorwort

Der Gedanke der *Trinität* scheint in unmittelbarem Widerspruch zu stehen zum Gedanken des *einen Gottes*. Kann da das Christentum unter den Religionen tatsächlich noch als monotheistisch gelten? Im Islam, dieser eindeutig monotheistischen Religion, wird dem Christentum der Monotheismus klar aberkannt: «Allah ist der einzige Gott. Gepriesen sei er! Er ist erhaben darüber, einen Sohn zu haben.»* Man muss aber davon ausgehen, dass in den Entwicklungsprozess der Menschheit auch das sich entwickelnde Erkenntnisvermögen einbezogen ist. War die Logik im antiken Griechenland noch auf ein strenges «Entweder – Oder» gegründet, hat sich in der Neuzeit – sehr deutlich etwa in der Philosophie Hegels – ein neues Verstehen der Wirklichkeit entwickelt, in dem Polaritäten nicht mehr nur im Sinne von «entweder – oder» verstanden werden können, sondern wo auch die «These» und «Antithese» genannte Polarität in der «Synthese» zusammengefasst wird als eine *Einheit*.** Da zeigt sich ein neuer Ausgangspunkt für den Weg des Verstehens, der über die bisher noch begrenzte Trinitäts-Erkenntnis hinausführen kann. Diesem Aspekt für ein «Gottesverständnis der Zukunft» möchte die vorliegende Arbeit gewidmet sein. Das geschieht im Rahmen der ersten drei Themenbereiche und wird abschließend noch einmal zusammengefasst in den Kapiteln 18–22.

Dem folgt ein vierter und eigenständiger Themenbereich. Er gründet sich auf die vorangehenden Kapitel zur weiterführenden Betrachtung von Trinitäts-Motiven im erneuerten Kultus der Christengemeinschaft. Gewisse Grunderfah-

* Sure 4,171

** Vgl. Georg Wilhelm Friedrich Hegel: *Wissenschaft der Logik I*, Frankfurt am Main 1986.

rungen und Grundkenntnisse werden hier vorausgesetzt. In diesem Sinne kann dieser letzte Abschnitt gegebenenfalls auch als «Anhang» verstanden werden.

Abschließend möchte ich noch allen meinen Dank aussprechen, die auf ganz unterschiedliche Weise das Entstehen dieser Arbeit unterstützt und mitgetragen haben. Namentlich möchte ich Margrethe und Trond Solstad danken, die es ermöglichten, dass in einer sehr hilfreichen Umgebung der wesentliche Teil dieser Arbeit entstehen und abgeschlossen werden konnte.

Stuttgart, im Juni 2023 *Michael Debus*

I.
Im Vorfeld – Stufen und Formen im Gottesverständnis

1.
Erkenntnis-Not mit dem dreieinigen Gott

Das Christentum ist von Anfang an verbunden mit dem Gedanken der Trinität, dem Bild des «dreieinigen» Gottes. Schon das allererste Konzil, das im Jahre 325 in Nicäa abgehalten wurde, beschäftigte sich ausschließlich mit diesem Thema und formulierte zuletzt dazu eine «dogmatische Definition», die erste in der Geschichte der christlichen Kirche. In der Folgezeit wurden bestimmte Einzelheiten dieses Dogmas deutlicher beschrieben, einiges wurde neu hinzugefügt. Inhaltlich war dieser Prozess im 5. Jahrhundert abgeschlossen. Seither gilt für die gesamte Christenheit[1] eine klare dogmatische Definition, wie die göttliche Trinität zu verstehen ist. Dennoch gibt es in der neueren Zeit zunehmend Stimmen, welche den Gedanken des dreieinigen Gottes in Frage stellen. Im Folgenden seien einige Beispiele dafür genannt, einschließlich der überraschend davon abweichenden Stimme Rudolf Steiners:

Johann Wolfgang von Goethe (1749–1832):
«Ich glaubte an Gott und die Natur und an den Sieg des Edlen über das Schlechte; aber das war den frommen Seelen nicht genug, ich sollte auch glauben, daß Drei Eins sei und Eins Drei. Das aber widerstrebte dem Wahrheitsgefühl meiner Seele; auch sah ich nicht ein, daß mir damit auch nur im mindesten wäre geholfen gewesen.»[2]

Immanuel Kant (1724–1804):
«Aus der Dreieinigkeitslehre, nach dem Buchstaben genommen, läßt sich schlechterdings nichts fürs Praktische machen, wenn man sie gleich zu verstehen glaubte, noch weniger aber,

wenn man inne wird, daß sie gar alle unsere Begriffe übersteigt ... So ist ein solcher Glaube, weil er weder einen besseren Menschen macht, noch einen solchen beweiset, gar kein Stück der Religion.»[3]

Jürgen Moltmann (* 1926, protestantischer Theologe):
«Muß man, um den ‹menschlichen›, den ‹gekreuzigten Gott› zu verstehen, Gott trinitarisch denken?»[4]

Karl Rahner (1900–1968, katholischer Theologe):
«Man kann den Verdacht haben, daß für den Katechismus des Kopfes und des Herzens (im Unterschied zum gedruckten Katechismus) die Vorstellungen des Christen von der Inkarnation sich gar nicht ändern müßten, wenn es keine Dreifaltigkeit gäbe.»[5]

Rudolf Steiner (1861–1925):
«Wer das Kreuz auf Golgatha schaut, der muß zugleich die Trinität schauen, denn der Christus zeigt in Wirklichkeit in seinem ganzen Verwobensein mit der irdischen Menschheitsentwickelung die Trinität.»[6]

Da kann sich nun die Frage stellen: Wie mag sich heute eine nicht im Voraus dogmatisch festgelegte Beziehung zu «Gott» bilden und wie ließe sie sich beschreiben? Goethe, der auf der einen Seite so distanziert dem kirchlichen Dogma gegenüberstand, dass er seinem Freund Lavater einmal schrieb, er sei «zwar kein Widerkrist, kein Unkrist aber ein dezidirter Nichtkrist»[7], hatte zugleich ein klares Bewusstsein vom Wesen einer «höheren Welt». Das lässt er Faust, den Repräsentanten des modernen Menschen, gleich zu Anfang des Faust-Dramas in der ersten Szene (Studierzimmer) aussprechen. Faust hat alles studiert, er hat eine umfassende Kenntnis von allem, was man «heute» (zu seiner Zeit) wissen kann. So ist er «gescheidter als alle die Laffen, / Doctoren, Magister, Schreiber und Pfaffen». Doch zugleich ist ihm «auch alle Freud' entrissen, / Bilde mir nicht ein, was rechts zu wissen.» So sucht er jetzt etwas ganz anderes, einen Weg zum *Eigentlichen*, das man kennen sollte. «Es möchte kein Hund so länger leben, / Drum hab' ich mich der Magie ergeben, / Ob mir durch Geistes Kraft und Mund / Nicht manch Geheimnis würde kund; / Daß ich erkenne, was die Welt / Im Innersten zusammenhält.» (V. 365–383)

Damit ist die eigentliche Frage ausgesprochen – die Frage nach dem, «was die Welt im Innersten zusammenhält». Das ist eine religiöse Frage. Die äußeren Dinge und Tatsachen lassen sich beschreiben und erklären mit dem Wissen, das man in dieser Welt erlernen kann. Was aber aus der unüberschaubaren Fülle der Einzelheiten ganz verschiedener Natur schließlich eine Ganzheit macht, eine in sich zusammenhängende Welt, das sind, so kann das erlebt werden, Kräfte ganz anderer Art, «Schöpferkräfte», durch welche die Welt erst wirklich in Erscheinung getreten ist, und von denen zugleich das ausgeht, was sie «im Innersten zusammenhält» und so zu einer Einheit macht. Hinter der *Einheit der Welt* steht der *eine Schöpfer*. Wir sehen: Faust hat sich ein umfassendes Wissen dieser Welt erworben, das ihm Sicherheit gibt: «Mich plagen keine Skrupel noch Zweifel, / Fürchte mich weder vor Hölle noch Teufel ...» Aber dennoch erlebt er eine Unsicherheit: Eine große Sehnsucht erfüllt ihn nach einem ganz anderen Wissen von jenen Kräften, den *Schöpferkräften*, in denen sich der *Schöpfer* äußert, der «die Welt im Innersten zusammenhält».

Das religiöse Erleben als Ausdruck einer Beziehung zur *höheren Welt*, zu «Gott», hat bei Faust einen besonderen Charakter, der sich als fragende Sehnsucht äußert, «ob mir durch Geistes Kraft und Mund / Nicht manch Geheimnis würde kund». Er sucht das Geistige, das die Sinneswelt im Innersten zusammenhält. Goethes Faust ist ein Repräsentant des modernen Menschen, zugleich aber auch ganz individuell ein in seiner geistigen Entwicklung fortgeschrittener Mensch. Entsprechend entfaltet sich bei ihm dann das geistige Erleben und Handeln. Um dies besser verstehen zu können, wollen wir zuerst den Blick auf die Vorstufen innerhalb dieser Entwicklung richten.

2.
Polytheismus und Monotheismus

Vom Kopf bis zum Fuß
Bin ich Gottes Bild
Vom Herzen bis in die Hände
Fühl ich Gottes Hauch
Sprech ich mit dem Mund
Folg ich Gottes Willen
Wenn ich Gott erblick
Überall, in Mutter, Vater,
In allen lieben Menschen
In Tier und Blume
In Baum und Stein,
Gibt Furcht mir nichts
Nur Liebe zu allem
Was um mich ist.

Rudolf Steiner[8]

Das ursprüngliche religiöse Erleben geht von der natürlichen Umgebung aus, in die sich der Mensch eingebettet, von der er sich getragen und in bestimmten Momenten auch herausgefordert fühlt. Das Wetter, die Tages- und Jahreszeiten, die Pflanzenwelt und die Tiere sind entscheidende Bestandteile des menschlichen Lebens, sogar Grundlage der menschlichen Existenz überhaupt. Dieser ganze Kosmos, einschließlich des Menschen, ist einmal ins Dasein getreten durch das schöpferische Wirken höherer Wesen. Zu diesen Schöpfer-Wesen, zu den *Göttern*, erhebt der Mensch den Blick im «polytheistischen» religiösen Erleben. Da findet sich zuletzt der Ursprung der Religion in all den verschiedenen Formen, die sie dann im Altertum angenommen hat. Noch in der Spätantike findet sich bei den verschiedenen Völkern der für die jeweilige Kultur maßgebende Götterhimmel. Einige Namen aus der umfassenden griechischen Götterwelt seien als Beispiele genannt:

Aphrodite	Göttin der Liebe und der Schönheit
Apollon	Gott des Lichtes, des Frühlings, der Musik, des Gesanges, der Dichtkunst
Ares	Gott des Krieges
Athene	Göttin der Weisheit
Demeter	Göttin des Ackerbaus
Helios	Gott des Feuers und der Schmiedekunst
Hermes	Gott der Fruchtbarkeit, des Handels; Götterbote und Begleiter der Toten
Pan	Wald- und Weidegott; Beschützer der Herden, der Hirten und der Jäger
Poseidon	Gott des Meeres; Erreger der Erdbeben
Selene	Mondgöttin
Zeus	Gott des Himmels, des Lichtes und des Blitzes

Der zitierte Spruch Rudolf Steiners hat erkennbar einen polytheistischen Charakter: «Gott» wird überall geschaut, «in Mutter, Vater, / In allen lieben Menschen, / In Tier und Blume, / In Baum und Stein ...» In dieser Weise Gott in den verschiedenen Erscheinungen der Sinneswelt konkret zu erleben ist die Grundlage der Erfahrung einer Vielheit von Göttern.

Eine ganz andere Orientierung zeigt dieser Spruch:

Der Sonne liebes Licht,
Es hellet mir den Tag;
Der Seele Geistesmacht,
Sie gibt den Gliedern Kraft;

Im Sonnen-Lichtes-Glanz
Verehre ich, o Gott

Die Menschenkraft, die Du
In meine Seele mir
So gütig hast gepflanzt,
Daß ich kann arbeitsam
Und lernbegierig sein.

Von dir stammt Licht und Kraft,
Zu dir ström' Lieb' und Dank.

Rudolf Steiner[9]

Hier wird Gott nicht in den Erscheinungen der Sinneswelt «erblickt», sondern unmittelbar als ein «Du» angesprochen, das dem einzelnen Menschen gegenüber als handelnder Gott erscheint: «Im Sonnen-Lichtes-Glanz / Verehre ich, o Gott, / Die Menschenkraft, die Du / In meine Seele mir / So gütig hast gepflanzt.» Das «Handeln Gottes» richtet sich auf die Beziehung des Menschen zum Kosmos, zwischen der «Seele» des Menschen und dem «Sonnen-Lichtes-Glanz». Diese Erfahrung des *einen* Gottes und einer keimhaften *Ich-Du-Beziehung* zu ihm, entspricht dem Wesen des Monotheismus.

Im Geschichtsverlauf findet sich das Urbild der monotheistischen Religion beim alttestamentlichen Volk Israel. Dessen Monotheismus entsteht erst durch den «Bund»[10], den Gott Jahve mit ihm schließt. Der erste Akt dieses Bundes besteht darin, dass das Volk Israel *aus Ägypten auswandern* soll. Mose als der von Jahve Berufene und Beauftragte führt die Israeliten auf einer vierzig Jahre währenden Wüsten-Wanderung endlich in das neue Land Kanaan. Zuvor war Ägypten mit seiner Mysterienkultur für etwa 400 Jahre der polytheistisch geprägte Lebensraum dieses Volkes gewesen.[11]

Dann folgt der nächste Akt dieses Bundes. Mose empfängt auf dem Berg Sinai in der Wüste die *Zehn Gebote*, zunächst als das Fundament einer ganz neuen Beziehung von Mensch zu Gott und von Gott zu Mensch, die wir Monotheismus nennen. Der Weg allerdings, den das Volk gehen soll, vom Polytheismus Ägyptens hin zum strengen Monotheismus vom Berg Sinai, verlangt eine fast übergroße innere Umformung jedes einzelnen Menschen mit immer wieder sich ereignenden Rückfällen.[12] Dieser Prozess bedarf der langen Zeitspanne von vierzig Jahren und einer Umgebung, die keinerlei polytheistische Anregung durch «Tier und Blume, Baum und Stein» bietet, sondern wo überall ganz einheitlich Wüstensand ist. Und dann gehören diejenigen, die in Ägypten die vierzigjährige Wanderung begannen, – mit wenigen Ausnahmen – nicht mehr zu denen, die dann im neuen Land ankommen. Und entsprechend sind diejenigen, die ankommen, erst in der Wüste auf dem Weg geboren worden. So ist das Volk ein ganz anderes geworden. Als eindeutige Monotheisten im Sinne der Gebote Jahves[13] folgen die Israeliten als das «auserwählte Volk»[14] einem anderen Zeitgeist als die übrigen Völker dieser Periode. Und dann wird Polytheismus für das Erleben der Israeliten sogar noch das charakteristische Merkmal «heidnischer» Religionen mit ihrem scharf abzulehnenden «Götzendienst».

So führen die religiösen Orientierungen des Polytheismus und des späteren Monotheismus auch zu einer grundlegenden Differenzierung im kulturellen Leben der damaligen Zeit. Das uralte geistige Erbe jener Völker, die Gott in der Welt polytheistisch erleben, findet ja zugleich auch seinen Ausdruck in den Mysterienstätten des Altertums, wo die «Eingeweihten» aus dem Götter-Kosmos die Kulturimpulse empfangen, welche für die weitere Menschheitsentwicklung notwendig sind.

Der monotheistische Weg zu Gott ist ein anderer. Er führt ins Innere der Seele. Das «Du» zu Gott wird zum wahren «Ich» des Menschen. Als Mose von Gott den Auftrag bekommt, das Volk Israel aus Ägypten zu führen, stellt er die Frage nach dem *Namen*, dem wahren Wesen Gottes, dem *Du*. Darauf empfängt er die ganz neue Gottes-Offenbarung des *Ich*, die immer mehr die Menschen erfüllen soll.[15] Mose fragt Gott: «Siehe, wenn ich zu den Söhnen Israel komme und ihnen sage: Der Gott eurer Väter hat mich zu euch gesandt, und sie mich fragen: Was ist sein Name? Was soll ich dann zu ihnen sagen? Da sprach Gott zu Mose: *Ich bin, der ich bin.* Dann sprach er: So sollst du zu den Söhnen Israel sagen: ‹Der *Ich bin*› hat mich zu euch gesandt.» (2 Mose 3_{13-15})

Zuletzt machen wir uns noch bewusst, dass die beiden verschiedenen Wege der Gottes-Erfahrung verbunden sind mit zwei im Grundsatz entsprechend verschiedenen Formen des Zeiterlebens. Das «zyklischen Zeiterleben» gründet sich auf die Erfahrung von Zeitenkreisen, von Zeitenrhythmen, von immer wiederkehrenden Erlebnissen. Vordergründig sind das Erlebnisse mit der äußeren Welt, dem Jahreslauf mit den immer wiederkehrenden Jahreszeiten, dem Tag-Nacht-Rhythmus und anderen Naturrhythmen. Das zyklische Erleben der Zeit und die polytheistische Erfahrung von Gott zeigen sich verwandt. In einer Veröffentlichung der Universität Linz finden sich entsprechende Ausführungen:

«In den meisten älteren (Hoch)Kulturen wurde Zeit über natürliche Zeitgeber beeinflusst. Im alten Ägypten z.B. gab es vier grundlegende Richtwerte zur Zeiterfassung. Dies waren der Lauf der Sonne, der den Tagesablauf regelte, der Mondzyklus, der rituelle und religiöse Feste beeinflusste, die Nilüberschwemmung, die den Neubeginn des landwirtschaftlichen Jahres bedeutete sowie das Auftauchen des Sirius, des hellsten Fixsterns am Himmel. Die Wiederkehr der Ereignisse und auch der Glaube an die Wiedergeburt weisen auf *ein an der Natur orientiertes rhythmisches Zeiterlebnis* hin.»[16]

Das «lineare Zeiterleben» geht dagegen nicht von einem Kreislauf aus, sondern von der Linie Vergangenheit → Gegenwart → Zukunft. Alle Ereignisse haben eine Ursache in der

Vergangenheit und eine Wirkung in der Zukunft. Das entspricht dem monotheistischen Ich-Erleben des Menschen, das immer eine Erfahrung zwischen Vergangenheit und Zukunft ist. Im alten Ägypten finden wir «ein an der Natur orientiertes rhythmisches Zeiterlebnis», was sich besonders bei den entsprechend eingerichteten Festen zeigt. Die jüdischen Feste dagegen werden zwar zu bestimmten Jahreszeiten gefeiert, sind aber keine Naturfeste, sondern beziehen sich immer auf *historische Ereignisse*, wie die folgenden Beispiele zeigen:

- Passah (Frühjahr): Das Fest erinnert an den Auszug aus Ägypten, also die Befreiung der Israeliten aus der Sklaverei, wie im 2. Buch Mose geschildert.
- Laubhüttenfest (Herbst): bezieht sich auf ein Ereignis während der Wüstenwanderung (Auszug aus Ägypten), als das Wohnen in Laubhütten während der Festzeit vorgeschrieben wurde. (3 Mose 23_{33-43})
- Chanukka (November/Dezember): Fest zum Gedenken an die Wiedereinweihung des zweiten Tempels in Jerusalem im Jahr 164 v. Chr.

3.
Polytheismus und Monotheismus in der Biografie

Schon viele Jahre vor Gründung der ersten Waldorfschule 1919 machte Rudolf Steiner grundlegende Ausführungen für eine menschengemäße Pädagogik, die methodisch von den alterstypischen Entwicklungsschritten des heranwachsenden Kindes ausgeht. Die Grundlage gibt zunächst der Blick auf die Jahrsiebte und die damit verbundenen übergeordneten Erziehungsmotive für die entsprechende Altersstufe.

So kann etwa mit entsprechender Einfühlung in den ersten Lebensjahren bis zur Schulreife eine Art «nachahmende», zugleich auch «suchende» Hingabe des Kindes an seine Umgebung wahrgenommen werden, wodurch sich allmählich das eigene «Ich», mit der Geste des sich unterscheidenden «Anders-Seins», herausbildet. Für diese Jahre des ersten Lebensjahrsiebts nennt Rudolf Steiner «*Nachahmung und Vorbild* die Zauberworte der Erziehung»[17]. Dann folgt das zweite Jahrsiebt, in dem das Schulkind immer stärker die Umwelt auf sich selbst bezieht, sie verstehen und entsprechend sich eingliedern will. Die Motive sind «für die jetzt in Rede stehenden Jahre: *Nachfolge und Autorität*. Die selbstverständliche, nicht erzwungene Autorität muß die unmittelbare geistige Anschauung darstellen, an der sich der junge Mensch Gewissen, Gewohnheiten, Neigungen herausbildet, an der sich sein Temperament in geregelte Bahnen bringt, mit deren Augen er die Dinge der Welt betrachtet».[18] Für das erste und zweite Jahrsiebt können wir so die von Rudolf Steiner auch später wiederholt genannten pädagogischen Motive nennen: *Nachahmung* (Vorbild) und *Autorität* (Nachfolge).

Für das dritte Jahrsiebt ändert sich das. Steiners Art der Charakterisierung ist mehr beschreibend, sogar «umschreibend». Das dritte Jahrsiebt ist keine einfache Fortsetzung der vorangegangenen Epochen, sondern ein tiefer biografischer Einschnitt. Die bisher maßgebende äußere Führung soll immer mehr sich in innere Führung verwandeln, die wichtige äußere Autorität soll zur Biografie-verantwortenden inneren Autorität werden. Man könnte sogar sagen: Der eigene Weg, die eigentliche Biografie beginnt erst jetzt wirklich. Entsprechend differenziert sind Steiners Charakterisierungen dieser biografischen Epoche, in der das Richtige geschehen kann, «wenn die Erziehung ... so eingerichtet wird, daß gerade mit aller Bewußtheit hingearbeitet wird auf die allgemeine Menschenliebe, wenn Weltanschauungsfragen, wenn die ganze Erziehung, die auf die sogenannte Einheitsschule folgen soll, aufgebaut wird auf Menschenliebe, überhaupt auf *Liebe zur äußeren Welt*.»[19] An anderer Stelle betonte er, «wie vom vierzehnten bis vierundzwanzigsten Lebensjahre *das selbständige Urteil* am Menschen arbeiten muß.»[20] Unter den verschiedenen Annäherungen an das pädagogische Motiv des dritten Jahrsiebts wären also *selbstständiges Urteil* und *Liebe zur äußeren Welt* zwei Beispiele.

Wir haben die Beziehung untersucht, die zwischen *zyklischem* und *linearem* Zeiterleben auf der einen und *Polytheismus* und *Monotheismus* auf der anderen Seite in dem Sinne besteht, dass mit dem Polytheismus tendenziell auch ein zyklisches Zeiterleben verbunden ist, mit dem Monotheismus aber eher ein historisch-lineares Zeiterleben. Wir wollen diesen Zusammenhang jetzt ausweiten auf die biografischen Epochen, die wir betrachtet haben, insbesondere auf die ersten beiden Jahrsiebte. In der oben genannten Studie der Universität Linz findet sich auch ein Zusammenhang zwischen den ersten Lebensepochen und einem entsprechenden Zeitbewusstsein:

«Das Zeitbewusstsein des Menschen ist auf jeden Fall keine angeborene Fähigkeit, sondern wird im Laufe des Lebens erlernt. Diese Entwicklung verläuft in drei Stufen:

1. *Naives Zeiterleben*
Das Kleinkind erfasst Zeit nur als das, was es gerade erlebt …

2. *Zeitwissen*
Etwa im Schuleintrittsalter fängt das Kind an, mit zeitlichen Ordnungsbegriffen umzugehen und erlernt das Lesen der Uhr.

3. *Zeiterfahrung und -reflexion*
Als Jugendlicher beginnt man schließlich über die eigene Zeitlichkeit, die philosophische Zeit und schließlich über die Zeitlichkeit des Lebens nachzudenken. Zeit … wird zur Erfahrung über sich selbst und das Universum.»[21]

Was hier «Naives Zeiterleben» genannt wird, fügt sich zusammen mit dem Erziehungsmotiv des ersten Jahrsiebts, wie es Rudolf Steiner benannt hat: Nachahmung. Ebenso können wir das «zyklische Zeiterleben» damit verbinden, wenn man zugrunde legt, dass es ein «an der Natur orientiertes rhythmisches Zeiterlebnis»[22] ist. Ganz entsprechend stellt das zweite Jahrsiebt dar, was hier in Bezug auf das Zeiterleben mit «Zeitwissen» überschrieben ist und die Entfaltung des «linearen Zeiterlebens» andeutet («Das Kind fängt an, mit zeitlichen Ordnungsbegriffen umzugehen und erlernt das Lesen der Uhr.»).

Da wir den Zusammenhang von zyklischem und linearen Zeitbewusstsein mit Polytheismus und Monotheismus schon betrachtet haben, können wir jetzt noch den dritten Schritt machen und die ersten beiden Lebensjahrsiebte als biografischen Ort sehen für eine jeweils charakteristische Gottesbeziehung mit zuerst polytheistischer und dann monotheistischer Tingierung. Wir konnten zu Beginn den Spruch von Rudolf Steiner «Vom Kopf bis zum Fuß / Bin ich Gottes Bild ...» schon mit einem polytheistischen Welterleben in Verbindung bringen. So überrascht es nicht, dass Rudolf Steiner diesen Spruch «für jüngere Kinder» gegeben hat, also im Wesentlichen für das erste Jahrsiebt, in dem das Kind entsprechend die Welt in einer Stimmung «zyklischen Zeiterlebens» erlebt.

Den nächsten Spruch («Der Sonne liebes Licht, / Es hellet mir den Tag ...») haben wir einer monotheistischen Grundstimmung zugeordnet, was wir jetzt ergänzen können durch ein lineares Zeiterleben. Das entwickelt sich, wie wir inzwischen gesehen haben, im zweiten Jahrsiebt, der ersten Periode der Schulzeit. Da gibt es dann den «einen» Lehrer, der die Klasse führt.[23] So ist es wieder verständlich, dass dieser Spruch als Morgenspruch für die unteren Klassen gegeben wurde.

Wir sehen, dass mit den ersten beiden Jahrsiebten nicht nur bestimmte pädagogische Motive verbunden sind (Nachahmung und Autorität), sondern ebenso verschiedene Qualitäten des Zeiterlebens (zyklisches und lineares Zeiterleben) und schließlich sogar verschiedene Formen der Beziehung zur göttlichen Welt (Polytheismus und Monotheismus). An diesem letzteren Beispiel konnten wir auch sehen, wie zwischen der kulturellen Entwicklung der Völker und der individuellen biografischen Entwicklung eine Beziehung besteht. Der kulturelle Ausgangspunkt[24] im Verhältnis zur göttlichen Welt – das «erste Jahrsiebt» – ist der zunächst noch ganz unreflektierte Polytheismus bei den alten Völkern. Dann entsteht auf einer nächsten Stufe – «zweites Jahrsiebt» – ein neuer und anderer Kultur-Impuls, wie er in Verbindung mit dem Volk Israel erkennbar wird, das im Vergleich zu den anderen Völkern eine ganz eigene Aufgabe hat, die sich zunächst in der Ausbildung des Monotheismus zeigt und dann in einem neuen historischen Zeitbewusstsein. Die

Feste sind keine Naturfeste mehr, sondern verbunden mit der Geschichte des Volkes Israel. Das erfordert dann jeweils den erinnernden Blick zurück in die Vergangenheit.

An diesem Punkt kann eine neue Frage entstehen. Wie wir sehen, gibt es in der Beziehung zur göttlichen Welt die beiden Formen des Polytheismus und Monotheismus, die sich bis zu der Zeit von Mose in Verbindung mit einem entsprechenden (zyklischen oder linearen) Zeitbewusstsein nacheinander herausgebildet haben. Im analogen Bild der menschlichen Biografie entspricht diese Entwicklung den ersten beiden Jahrsiebten. Da kann sich nun die Frage stellen: Was kommt danach, welche Wirklichkeit kommt nach dem zweiten Jahrsiebt? Gibt es auch in der Entwicklung der Gottesbeziehung noch ein «drittes Jahrsiebt»? Und wenn das Feiern der Feste aus monotheistischer Erfahrung und linearem Zeitbewusstsein heraus begangen wird und, wie wir sagten, «dann jeweils den erinnernden Blick zurück in die Vergangenheit» fordert – gibt es ebenso den Blick nach vorne, in die Zukunft? Den Blick in die Epoche, die «nach dem zweiten Jahrsiebt» kommt? In der gewöhnlichen Biografie ist das kaum eine Frage: Die Schüler der Mittelstufe interessieren sich gewöhnlich zunehmend für das, was dann in der Oberstufe kommen wird. Die Zeit des *einen Klassenlehrers* geht zu Ende, jetzt kommt es immer mehr darauf an, dass die Welt in ihren verschiedenen Aspekten verstehbar wird und sich ein *selbstständiges Urteil*[25] entwickeln kann. Vor diesem Hintergrund interessiert uns jetzt der Spruch, den Rudolf Steiner für die Schüler der oberen Klassen gegeben hat und der in das dritte Jahrsiebt führt:

Ich schaue in die Welt,
In der die Sonne leuchtet,
In der die Sterne funkeln;
In der die Steine lagern,

Die Pflanzen lebend wachsen,
Die Tiere fühlend leben,
In der der Mensch beseelt,
Dem Geiste Wohnung gibt;
Ich schaue in die Seele,
Die mir im Innern lebet.

Der Gottesgeist, er webt
Im Sonn'- und Seelenlicht
Im Weltenraum, da draußen
In Seelentiefen, drinnen. –

Zu dir o Gottesgeist
Will ich bittend mich wenden,
Dass Kraft und Segen mir
Zum Lernen und zur Arbeit
In meinem Innern wachse. –

Rudolf Steiner[26]

Der Spruch hat drei Strophen verschiedener Länge, welche die ersten 10 Zeilen, dann 4 Zeilen, zuletzt 5 Zeilen umfassen. Die erste Strophe enthält eine Polarität in sich: den Blick in die Welt und den Blick in die Seele. Die zweite Strophe spricht vom «Gottesgeist», der entsprechend zwischen Welt und Seele wirksam ist, aber nicht «schauend», sondern tätig «webend». Die dritte Strophe schließlich ist die Bitte an den Gottesgeist um «Kraft und Segen» im Bemühen um verstehendes Lernen und verwandelnde Arbeit, d.h. um die Verbindung von Seele und Welt. Diese «Verbindung» der Polarität von Seele und Welt ist aber von besonderer Art – sie ist nicht Vermischung, aber auch nicht getrenntes Miteinander, sondern bedeutet «getrennte Wesen binden, doch nicht die Eigenheiten töten wollen». So formuliert es Rudolf Steiner und beschreibt damit zugleich das Wesen der Liebe: «Die Liebe soll getrennte Wesen binden, doch nicht die Eigenheiten töten wollen.»[27]

Zusammenfassend können wir jetzt sagen: Polytheismus und Monotheismus entwickeln sich nacheinander – biografisch, aber ebenso auch in der Menschheitskultur – als polare Formen der Beziehung des Menschen zur göttlichen Welt. Die pädagogischen Motive sind für diese beiden Jahrsiebte Nachahmung (Polytheismus) und Autorität (Monotheismus). Im dritten Jahrsiebt beginnt dann der Weg zur Überwindung dieser Polarität. Das wird umso mehr gelingen, als die «Erziehung, die auf die sogenannte Einheitsschule folgen soll, aufgebaut wird auf *Menschenliebe*, überhaupt auf *Liebe zur äußeren Welt*.»[28] Liebe ist also ein wesentliches Motiv – neben anderen – für das dritte Jahrsiebt im Sinne der Überwindung notwendiger Polaritäten.

Gibt es im zweiten Jahrsiebt Motive, die in besonderer Weise das dritte vorbereiten? Hier können wir die *äußere Autorität* als Vorbereitung des dritten Jahrsiebts verstehen, indem sie im dritten Jahrsiebt sich umwandeln möchte zur *inneren Autorität* und damit zur Grundlage für einen selbstverantworteten biografischen Weg. Daran schließt sich die Frage an: Gibt es auch in der Kulturentwicklung eine entsprechend Vorbereitung für das «dritte Jahrsiebt», das heißt konkret: in der weiteren monotheistischen Entwicklung des Volkes Israel?

4.
Das Kommen des Messias

Nachdem das Volk Israel unter der Führung von Mose das polytheistische Ägypten verlassen hatte und dann durch die vierzigjährige Wüsten-Schulung immer mehr begann, das Verhältnis zu göttlichen Welt als eine monotheistische Wirklichkeit zu erleben, nahm durch dieses *auserwählte*[29] Volk auch menschheitlich das «zweite Jahrsiebt» seinen Anfang – mit einem sich verändernden Zeitbewusstsein (linear, «historisch»). Durch die Zehn Gebote, «das Gesetz», welche das Volk in der Wüste vom Berg Sinai herab empfangen hatte, wuchsen göttliche und menschliche Ordnung zusammen. Und als schließlich unter David ein Königreich gegründet wurde, in dem alle 12 Stämme Israels als Einheit zusammengefasst waren, wurde auch im Äußeren sichtbar: Das Reich Gottes und das äußere Reich der Menschen waren nicht länger getrennt. Das ist der eigentliche «Bund», den Gott mit den Menschen schließt – der Bund Jahves mit dem «auserwählten Volk» Israel. Als Repräsentant dieses Volkes hatte deshalb dessen König eine herausragende Stellung und trug den Namen «Gesalbter des Herrn». Jahve, der Herr, schloss mit ihm den Bund, weil er «gesalbt» war. Man könnte aber auch umgekehrt sagen: Dadurch, dass Jahve den Bund mit dem König schloss, war dieser «gesalbt». David (einige hundert Jahre nach Mose) war in diesem Sinn der erste König. Für alle künftigen Könige – «Gesalbte des Herrn» – galt, dass sie Nachfahren Davids sein mussten. Wann immer dieser Bund in Gefahr war, kam alles darauf an, dass «ein Nachkomme Davids» erschien, um als «Gesalbter des Herrn» das Königtum zu retten. In diesem Sinne sprach beispielsweise Jeremia in einer kritischen Lage des Königreiches sein Propheten-Wort von einer neuen Zeit: «Siehe, es kommt die Zeit, spricht der Herr, dass ich dem David einen rechtmäßigen Nachfahren erwecken will. Er wird als König herrschen und weise handeln, für Recht und Gerechtigkeit wird er sorgen im Land.» (Jer 23,5)

Es ist kein Zufall, dass gerade dieses Volk auch einen Zukunftsblick entwickelte. Mit dem Monotheismus ist zunächst das lineare Zeiterleben verbunden als Grundlage eines historischen Bewusstseins, vordergründig im Bezug zur Vergangenheit. Wir haben schon darauf hingewiesen, wie sich die jüdischen Feste tatsächlich vor allem auf historische Ereignisse beziehen, nicht auf die Natur. Aber die Wirklichkeit der Geschichte ist nie durch die Vergangenheit allein zu erklären, sondern nur in Zusammenhang mit der Zukunft. Dem entsprach das Wirken der «Propheten» im alten Israel, wie es im Tanach[30] bzw. im Alten Testament bezeugt ist.

Als 586 v. Chr. Jerusalem durch die Babylonier unter König Nebukadnezar II. erobert wurde, war das der Beginn der Babylonischen Gefangenschaft und das Ende des israelitischen Königtums. Es gab nun keinen König mehr als «Gesalbten des Herrn», d.h. als *Messias*. Der Blick in die Zukunft konzentrierte sich in der Folge auf die künftige Wiederherstellung und Erneuerung des Königtums, wie sie Jahre zuvor Jeremia[31] schon prophezeit hatte. Dann wurde die innere Nähe dieser Zukunft immer dichter und beinhaltete schließlich ein ganz neues Zeitalter mit seinen Impulsen. Davon vor allem sprachen jetzt die Propheten, wie etwa Sacharja: «Frohlocke sehr, du Tochter Zion, jauchze, du Tochter Jerusalem! Siehe, dein König kommt zu dir, ein Gerechter und ein Retter ist er, demütig und reitet auf einem Esel, auf dem Füllen der Eselin. Und er wird die Kriegswagen aus Ephraim ausrotten und die Rosse von Jerusalem; und der Kriegsbogen soll zerbrochen werden; und er wird den Völkern Frieden gebieten; und seine Herrschaft wird reichen von einem Meer zum anderen und vom Strom bis an die Enden der Erde.» (Sach 9_{9-10}) Der zukünftig kommende König wurde zum Friedensbringer und Heilbringer einer ganz neuen Zeit. Hinter dem König, dem *Gesalbten des Herrn*, erschien die Gestalt des *Messias*.

Zwei Formen der Gottesbeziehung – Polytheismus und Monotheismus – hatte die Menschheit bisher entwickelt. Gab es auch in der Entwicklung der Gottesbeziehung noch die weitere Qualität eines «dritten Jahrsiebts»? Im vorangehenden Kapitel haben wir den Spruch betrachtet, den Rudolf Steiner für die Schüler «der oberen Klassen», d.h. des dritten Jahrsiebts gegeben hat. Bei den Sprüchen für das erste und zweite Jahrsiebt konnten wir schon sehen, wie die polytheistische und dann die monotheistische Gottesbeziehung sich darin entsprechend spiegelten. Spiegelt sich in diesem Spruch für das dritte Jahrsiebt nun eine weitere Gottesbeziehung? Tatsächlich erscheint da als völlig neues Motiv die Polarität von Welt und Seele, die dem «schauenden» Menschen zum Ausgang eines Weges wird: «Ich schaue in die Welt, / In der die Sonne leuchtet ... Ich schaue in die Seele, / Die mir im Innern lebet.» Und dann erleben wir den «Gottesgeist», wie er über dieser Polarität wirkt und webt: «Der Gottesgeist, er webt / Im Sonn' und Seelenlicht, / Im Weltenraum da draußen, / In Seelentiefen drinnen.»

Der Polytheismus ist Ausdruck unserer Beziehung zur Natur, zur «Welt, / In der die Sonne leuchtet, / In der die Sterne funkeln, / In der die Steine lagern ...» Der Blick nach innen führt zum Monotheismus, der anderen Gotteserfahrung. Der Gott im Inneren ist der Gott, der zu Mose sagte: *«Ich bin, der ich bin.»*(2 Mose 3_{14}) Mit Mose schloss Jahve den Bund, der sich als ein Ereignis des «zweiten Jahrsiebts» dieser Entwicklung auf die Autorität Jahves gründete und so die innere Autorität des Ich-Menschen keimen ließ. Und wenn dann im Menschen die eigene Ich-Kraft wirksam zu werden beginnt, kann der Mensch immer mehr die Polaritäten im Leben –

das «Entweder-oder» – überwinden und sich einer neuen Wirklichkeit nähern im Sinn eines «Sowohl-als-auch». Diese *Unendlichkeit* des Ich-Menschen wird von Goethe berührt, wenn er sagt: «Dich im Unendlichen zu finden, / Mußt unterscheiden und dann verbinden.»[32] Wenn wir das auf die Gotteserfahrung des «dritten Jahrsiebts» übertragen, beginnen wir Polytheismus und Monotheismus zu «verbinden», um auf ganz neue Weise Gott «im Unendlichen» zu finden.

Damit sind wir auf der dritten Stufe, beim Christentum, angekommen und bei der Frage nach dem «christlichen Gott», der die Polaritäten überwindet und sowohl polytheistisch als auch monotheistisch erlebt werden kann. Für die Entwicklung des Gotteserlebens in der nachatlantischen Zeit können wir damit drei Stufen benennen:

Polytheismus – Monotheismus – Christentum

Als Rudolf Steiner von einem katholischen Priester nach Möglichkeiten einer Stärkung des inneren Lebens gefragt wurde, hat er ihm den nachfolgenden Spruch übergeben, der sich auf diese drei Stufen des Gotteserlebens bezieht:

«Ich versuche zu verstehen: dass Christus war im ersten Drittel der kosmischen Evolution der Führer einer Geisterschar, in deren Schoß ich unbewußt war; daß ich zur Erlangung des Bewußtseins mich heraussondern mußte aus dieser Geisterschar, bis durch Jahves Vorbereitung meine Seele so weit war, bewußt die Christus-Kräfte zu empfangen; jetzt kann ich diese empfangen, wenn ich den geistigen Blick richte auf den fleischgewordenen Christus und sein Wesen aufnehme in mein Wesen.»[33]

5.
Jesus und der Messias

Mit der Babylonischen Gefangenschaft im 6. Jahrhundert v. Chr. und dem Ende des israelitischen Königtums wurde der «Gesalbte des Herrn» immer mehr zur mythischen Gestalt und zum Hoffnungsträger für eine neue, zukünftige Welt. Der Begriff «Messias» (hebräisch *Maschiach*) bedeutet «Gesalbter», auf Griechisch[34] *Christós* (latinisiert *Christus*). Im Neuen Testament, dessen Ursprache Griechisch ist, kommt das Wort «Messias» nur zweimal vor. Aber wenn dort das Wort «Christus» genannt wird, kann das immer auch als Übersetzung von «Messias» verstanden werden, die dessen Bedeutung mitschwingen lässt.

Da stellt sich uns die Frage: Wie war das Verhältnis des Menschen Jesus zum «Messias», dem «Gesalbten»? Und wer spricht über dieses Verhältnis im Neuen Testament? Die Menschen seiner Umgebung? Er selbst? Im Johannes-Evangelium wird sein Name unmittelbar nach der Jordantaufe erwähnt. Der Täufer Johannes macht seine eigenen Jünger auf ihn aufmerksam, als er vorübergeht:

«Am folgenden Tage stand Johannes wiederum da und zwei seiner Jünger. Und indem er auf Jesus blickte, der vorüberwandelte, sprach er: Siehe, das Lamm Gottes! Und die beiden Jünger hörten ihn reden und folgten Jesus nach ... Andreas, der Bruder des Simon Petrus, war einer von den Zweien, die es von Johannes gehört hatten und ihm nachgefolgt waren. Dieser findet zuerst seinen Bruder Simon und spricht zu ihm: Wir haben den Messias gefunden.» (Joh 1_{35-37} und 1_{40-41})

So hat der spätere Jünger, noch bevor Jesus öffentlich auftrat, ihn schon als Messias erkannt.

Das zweite Mal, einige Zeit später, erscheint Jesus als Messias einer Frau, die nicht aus dem Gebiet von Judäa kommt, sondern dem daran angrenzenden Samarien, das von den Juden als heidnisch verachtet wurde. Jesus begegnet ihr an einem Brunnen und bittet sie um einen Trunk. Seine Jünger sind abwesend, ein Gespräch entfaltet sich, und am Ende erlebt die Frau, dass dessen Inhalt auf den Messias weist. Das ist der Moment, wo Jesus das Wort sagt, das im weiteren Verlauf des Johannes-Evangeliums siebenmal in den sogenannten «Ich-Bin»-Worten ertönt. Sie nennt den Messias – und er sagt: «Ich Bin»:

«Da spricht die samaritische Frau zu ihm: Wie kannst du mich um etwas zu trinken bitten, der du ein Jude bist und ich eine samaritische Frau? Denn die Juden haben keine Gemeinschaft mit den Samaritern ... Dann spricht die Frau zu ihm: Herr, ich sehe, dass du ein Prophet bist. Unsere Väter haben auf diesem Berge angebetet, und ihr sagt, in Jerusalem sei die Stätte, wo man anbeten soll ... Jesus spricht zu ihr: Es kommt die Zeit und ist schon jetzt, in der die wahren Anbeter den Vater anbeten werden im Geist und in der Wahrheit; denn auch der Vater will solche Anbeter haben. Gott ist Geist, und die ihn anbeten, die müssen ihn im Geist und in der Wahrheit anbeten. Die Frau spricht zu ihm: Ich weiß, dass der Messias kommt, der Christus genannt wird; wenn jener kommt, wird er uns alles verkündigen. Jesus spricht zu ihr: Ich bin es, der mit dir redet.» (Joh 4$_{9,14-20,23-26}$)

Andreas hat den Messias schon gleich *erkannt*. Deutlich *gefühlt* hat ihn die Samariterin und ihm dadurch den Raum geschaffen, selbst zu sagen: «Ich bin es.» So ist durch diese beiden Ereignisse von Anfang an deutlich: In Jesus tritt der Messias in die Wirklichkeit des Menschseins.

6.
Die ersten Christen

Das Christentum nahm seinen Ausgang in Jerusalem. Entsprechend waren die ersten Christen alle «Judenchristen», die im ersten Jahrhundert auch quantitativ den eigentlichen Kern der Urchristen bildeten. Von Anfang an gab es aber auch die «Heidenchristen», die unter ganz anderen Voraussetzungen Christen geworden waren und deren wachsende Zahl ab dem zweiten Jahrhundert das Verständnis des entstehenden Christentums wesentlich mitbestimmte.

Das Grunderleben dieser ersten Christen war: Der lange erwartete und ersehnte Messias ist erschienen – sogar in leiblich verkörperter Gestalt – und hat als «König» sein Zukunftsreich begründet, wie es die Propheten schon verkündet haben: «Frohlocke sehr, du Tochter Zion, jauchze, du Tochter Jerusalem! Siehe, dein König kommt zu dir ... Er wird den Völkern Frieden gebieten; und seine Herrschaft wird reichen von einem Meer zum anderen und vom Strom bis an die Enden der Erde.» (Sach 9_{9-10}) Und nun – das war die Botschaft des Christentums – war er wirklich gekommen und *gegenwärtig*. Wie sah diese Gegenwart aus? Sie war zuallererst «Leben», genauer müsste man sagen: Gemeinschaftsleben, wie es in der Apostelgeschichte angedeutet wird: «Und täglich verharrten sie einmütig im Tempel und brachen das Brot in den Häusern, und hielten das Mahl miteinander in Freude und Einfalt des Herzens. Sie lobten Gott und waren beim ganzen Volk beliebt. Und der Herr fügte täglich ihrer Gemeinschaft die hinzu, die gerettet werden sollten.» (Apg 2_{46-47}) Im Zentrum des urchristlichen Lebens stand also das gemeinsame Mahl im Sinne dessen, was der

Herr beim Ur-Abendmahl gesagt hatte: «Das tut zu meinem Gedächtnis.» (Lk 22_{19})

Aber dann kam ein nächster Schritt über das gemeinschaftliche Erleben des gegenwärtigen Messias hinaus. Die Frage bildete sich: Wie sollen wir verstehen, dass der Messias auf der einen Seite *Mensch* geworden ist *in Jesus*, zugleich aber auch *Gottes Sohn* ist? Der König Israels war in der Vergangenheit als «Gesalbter des Herrn» immer zugleich «Sohn Gottes». Das war die Wirklichkeit seines Amtes. Aber jetzt war die Salbung mehr als ein hohes Amt. Sie war die unmittelbare Wirklichkeit seines Menschseins. Jesus war «Gottes Sohn» *als Mensch*. Die Judenchristen waren strenge Monotheisten. Wenn Gott, der Eine, einen Sohn hat, sind es dann zwei Götter? Das gemeinsame Erleben des Messias – sie «hielten das Mahl miteinander in Freude und Einfalt des Herzens ... und waren beim ganzen Volk beliebt» – war nur die erste Stufe. Doch dann kam der Schritt vom Erleben zum Verstehen: Wie soll man monotheistisch denken können, dass der eine Gott einen Sohn hat? Das waren die Fragen vor allem der Judenchristen in den ersten beiden Jahrhunderten. Eine zum Monotheismus passende Antwort konnte und musste auf den Wegen gesucht werden, welche im entstehenden «Neuen Testament» die Ungleichheit von Vater und Sohn beschreiben.

Ein Beispiel war der sogenannte «Adoptianismus», der davon ausging, dass der Sohn erst nachträglich zum Sohn wird, indem ihn der Vater «adoptiert». Im Neuen Testament gibt es Schilderungen, die in dieser Richtung gedeutet werden können. Eine davon ist die Schilderung der Jordantaufe: «Und es begab sich, da sich alles Volk taufen ließ und Jesus auch getauft war und betete, dass sich der Himmel auftat und der heilige Geist hernieder fuhr auf ihn in leiblicher Gestalt wie eine Taube. Und eine Stimme ertönte aus dem Himmel: Du bist mein Sohn, heute habe ich dich gezeugt.»[35] (Lk 3_{21-22}) Dieser Satz – «Heute habe ich dich gezeugt.» – kann als Akt der Adoption gedeutet werden: In diesem Augenblick ist Jesus der Sohn Gottes geworden.

Eine andere Richtung, das Verhältnis zwischen Sohn und Vater monotheistisch zu verstehen, wird «Subordinatianismus» genannt: Vater und Sohn sind tatsächlich «zwei», aber der Sohn ist dem Vater «untergeordnet» (subordiniert), weshalb der Vater weiter der «eine» Gott ist. Eine der Bibelstellen, die in diesem Sinne interpretiert werden können, findet sich im Brief des Paulus an die Kolosser: «Er ist das Ebenbild des unsichtbaren Gottes, der Erstgeborene vor aller Schöpfung.» (Kol 1_{15}) Er ist also «nur» *Ebenbild* Gottes und er ist *Geschöpf*, nicht Schöpfer, wenn auch «der Erstgeborene vor aller Schöpfung», und deshalb Gott gegenüber «subordiniert».

Schließlich sei hier noch der «Modalismus» genannt, die Ansicht, dass *Logos* und *Heiliger Geist* nur Erscheinungsformen, «Modi» sind, verschiedene Namen desselben einen Gottes. Die modalistische Darstellung der Trinität in der Kunst zeigt entsprechend *eine Gestalt* mit *drei Gesichtern*.

Mit diesen drei Beispielen des Adoptianismus, Subordinatianismus und Modalismus haben wir einen Blick auf das Ringen der ersten Christen geworfen, die, vom Monotheismus ausgehend, das Wesen des christlichen Gottes zu verstehen suchten. Im ersten Jahrhundert waren das vor allem die Judenchristen. Dann aber wurde der Anteil der Heidenchristen immer größer, die sich mit anderen Voraussetzungen dem Geheimnis des Christentums näherten. Sie lebten in der griechischen Sprache[36] und das philosophische Denken des Griechentums, wie auch der Polytheismus, wirkten im Hintergrund ihrer Suche nach der Bedeutung des Christentums.

7. *Christus und der Logos*

Der neue Akzent durch das Heidenchristentum wurde im 2. Jahrhundert immer mehr zu einer prägenden Wirklichkeit der urchristlichen Gemeinde. Der monotheistische Weg zu Gott im menschlichen Inneren bedarf im Christentum der Ergänzung durch den polytheistischen Weg zu Gott in der Welt, «in Tier und Blume, / In Baum und Stein.» Nur auf diesem Weg einer übergeordneten Verbindung von *polytheistisch* und *monotheistisch* zu einer neuen Wirklichkeit kann der christliche Gott wahrhaft gefunden werden.

In dieser Zeit traten dann auch die entsprechenden heidenchristlichen Lehrer auf, die «Apologeten».[37] Durch sie wurde die griechische Philosophie zu einem ganz neuen und eigenen Weg, Christus als den *Logos*, das «Wort» zu verstehen. So heißt es im Prolog des Johannesevangeliums: «Im Urbeginne war das Wort, und das Wort war bei Gott, und ein Gott war das Wort ... Alles ist durch dasselbe geworden, und außer durch dieses ist nichts von dem Entstandenen geworden.» (Joh 1_{1+3}) In diesen wenigen Anfangsworten des Prologs finden sich schon die entscheidenden Grundaussagen:

- Der Logos «ist» von Anfang an da, vor aller Schöpfung.
- Er ist «bei» Gott.
- Er ist selbst «Gott».
- Er ist der Schöpfer von Allem.
- Es gibt in der Welt nichts, was nicht durch ihn geschaffen wäre.

Weitere grundlegende Charakterisierungen des Logos folgen: «Und das Wort ist Fleisch geworden und hat unter uns gewohnt, und wir haben seine Herrlichkeit gesehen, die Herrlichkeit des einzigen Sohnes vom Vater, voll Gnade und Wahrheit ... Denn das Gesetz ist durch Mose gegeben; die Gnade und Wahrheit aber ist durch Jesus Christus geworden.» (Joh 1$_{14-17}$) Deutlich sind wieder bestimmte Grundaussagen erkennbar:

- Der Logos hat sich inkarniert (ist «Fleisch» geworden).
- Seine zu Anfang noch offene Beziehung zu Gott ist durch die Inkarnation deutlich:
- Er ist der – besondere – *Sohn* des Vaters.
- Das verleiht ihm eine ebenfalls besondere Ausstrahlung («Herrlichkeit», griechisch: «Doxa»).
- Was zum «zweiten Jahrsiebt» gehört, das mit Autorität verbundene *Gesetz*, kommt von Mose. In Ablösung des Gesetzes bringt «Jesus Christus» – so wird der Logos nach seiner Inkarnation jetzt zum ersten Mal genannt – *Gnade und Wahrheit*.

Die Verbindung der griechischen Logos-Philosophie mit dem Christentum ist die wesentliche Leistung der Apologeten. Einige konkrete Aussagen über den Logos mögen das noch verdeutlichen.

Zunächst gilt ganz allgemein zur Charakteristik des Logos: Er ist das Prinzip der sinnlichen Welt *und* der geistigen Offenbarung zugleich; er ist «der andere Gott», der *Theós héteros*. Er ist der vor aller Schöpfung *geschaffene Logos*, aus dem dann aber die gesamte Schöpfung erst hervorgeht, Geschöpf und Schöpfer zugleich.[38] Von *Justin* († um 165) stammt der Satz: «Jesus Christus ist die Volloffenbarung des Logos.» So wird die Logoslehre zur Grundlage einer Philosophie des Christentums.

Irenäus von Lyon († um 200) schließlich stellte fest: «Der Schöpfergott ist auch der Erlösergott.» Durch den Logos wird nach dieser Aussage die Kluft zwischen Polytheismus (der sich auf die Natur als Schöpfung Gottes bezieht) und Monotheismus (der sich auf das Seelen-Innere des erlösungsbedürftigen Menschen bezieht) überwunden.

Die Logoslehre als Philosophie des Christentums hat sich bis etwa 300 n. Chr. eingebürgert. Damit war auch gegeben, dass das Christentum nicht nur eine Erlösungsreligion ist (durch das Kommen des Messias). Doch dann traten im 4. Jahrhundert Unsicherheiten über das Verständnis des Logos bzw. des Christus auf, die sich in der Auseinandersetzung zwischen Arius und Athanasius äußerten und auf dem ersten Ökumenischen Konzil (Nicäa 325) zugunsten von Athanasius entschieden wurden.

II.
Der Weg zum Dogma

8.
Aszendenz- und Deszendenz-Christologie

Anfang des 4. Jahrhunderts war der Blick der Kirchenväter ganz auf das neu geoffenbarte Geheimnis des Göttlichen gerichtet, die Trinität. Wie ist das Wesen des Vaters zu verstehen, wie das des Sohnes, wie das des Heiligen Geistes? Wie ist das Verhältnis der «Drei» zueinander beschaffen, die doch Eins sind? Sind sie auf eine bestimmte Weise einander zugeordnet?

Die erste Frage, mit der man sich auseinandersetzte, war die nach dem Wesen des Sohnes im Verhältnis zum Vater. Es galt ja, Christus als den Sohn Gottes zu verstehen. Ist der Sohn «später» als der Vater? Ist er dann «geschaffen» und als Erstgeschaffener Teil der Schöpfung? Wie steht es um seine Göttlichkeit, wenn er selbst (nur) Geschöpf ist? Wenn er aber nicht zur Schöpfung gehört, sondern wie der Vater «ungeschaffen» ist, wie kann er sich dann als Mensch «inkarnieren» und so dennoch Teil der Schöpfung werden? Die Grundfrage nach dem Verhältnis des Sohnes zum Vater wurde schließlich formelhaft ausgedrückt: Ist der Sohn (als Ungeschaffener) dem Vater *gleich*? Oder ist der Sohn (als Erster unter den Geschöpfen) dem Vater *ähnlich*? Was sich für uns heute eher wie eine abstrakte philosophische Formel anhört, die nicht viel mit dem konkreten Leben eines Christen zu tun hat, ist in Wahrheit die Schlüsselfrage nach der Besonderheit und Einzigartigkeit des Christentums gegenüber allen anderen Religionen. Wir würden heute diese Schlüsselfrage gewiss in ganz andere Worte kleiden müssen, die wenig Ähnlichkeit mit dieser frühchristlichen Formel hätten. Damals aber wussten nicht nur die Theologen, worum es in dieser Frage ging. Auch «der Mann auf der Straße» hatte ein Gefühl dafür, dass es darauf ankam, eine richtige Anschauung vom Wesen des Sohnes im Verhältnis zum Vater zu haben. Man diskutierte darüber nicht nur in Kirchenkreisen, sondern auch – wie heute über politische oder sportliche Ereignisse – auf der Straße und «beim Friseur». *Gregor von Nyssa* (334–394) berichtet aus dieser Zeit: «Die ganze Stadt ist voll von derlei Kram, Gassen, Märkte und Plätze. Fragst du den Trödler, Wechsler oder Gemüsehändler nach dem Warenpreis, so reden sie dir von ‹gezeugt› und ‹ungezeugt›. Willst du wissen, was das Brot kostet, so lautet die Antwort: ‹Der Vater ist größer als der Sohn, und der Sohn ist ihm untertan.› Fragst du den Badeknecht, ob das Bad bereit ist, so setzt er dir auseinander, dass der Sohn aus Nichtseiendem entstanden sei. Wie soll man solch ein Übel nennen, Verrücktheit, Wahnsinn oder sonstwie, wodurch der gesunde Verstand dem Menschen ganz abhanden gekommen zu sein scheint.»[39]

Das Konzil, das 325 in Nicäa von Kaiser Konstantin – der zu dieser Zeit noch nicht einmal getauft war! – wegen dieser Frage einberufen wurde, fand unter großer öffentlicher Anteilnahme statt, die auch emotionale Züge hatte, wie heute politische Wahlkämpfe. Die anstehende Frage wurde, nicht zuletzt durch die treibende Kraft des Kaisers, «geklärt» und zur glaubensverbindlichen Aussage für das Kaiserreich, d.h. fast die ganze damalige Christenheit gemacht; das war die erste «dogmatische Definition». Andere Konzilien der Christenheit in den folgenden Jahrhunderten gaben weitere verbindliche Antworten auf offene Fragen. Die Ergebnisse fanden auch Eingang in das «Credo», das heute noch in den christlichen Kirchen Geltung hat. Die letzte Einfügung in das Credo geschah (allerdings nur noch für die Westkirche) nach dem achten Konzil, das 869/70 in Konstantinopel stattfand. Danach gab es keine Konzilien der Gesamtchristenheit mehr.

Nach der ersten großen Spaltung begann die Zeit der «Konfessionen», spätere Konzile (die orthodoxe Kirche hat keine mehr einberufen) waren nur noch konfessionell.

Auf dem Konzil in Nicäa wurde nach dem Sohn gefragt, d.h. nach dem Wesen des Jesus Christus. Wie kann man den Gottmenschen verstehen: Ist der Sohn Gottes, der Christus, aus himmlischen Höhen «herabgestiegen», um *Mensch zu werden*? Das wäre eine «Deszendenz-Christologie». Oder ist der Mensch Jesus so weit «aufgestiegen», dass er von Gott *als Sohn angenommen* wurde? Das wäre «Aszendenz-Christologie». Für beide Auffassungen, die sich anscheinend fundamental widersprechen, können zur Begründung entsprechende Aussagen im Neuen Testament gefunden werden. Als einer der Kronzeugen der Deszendenz-Christologie wird Paulus genannt, vor allem in seinem Brief an die Philipper. Dort sagt er vom Christus: «Denn obgleich er göttlicher Natur und Gestalt war, dachte er nicht daran, die Gottgestalt für sich festzuhalten. Vielmehr machte er sich leer und opferte sich ganz hin und nahm die Gestalt eines dienenden Wesens an. In menschlicher Gestalt verkörperte er sich, und als Mensch zeigt er sich in seinem ganzen Leben. In demütiger Selbstentäußerung beugte er sich unter das irdische Seinsgesetz, indem er schließlich auch den Tod auf sich nahm, den Tod am Kreuz.»[40] (Phil 2_{6-8}) Deutlich spricht Paulus hier vom «Abstieg» des Christus aus göttlichen Höhen.

Es gibt aber auch Hinweise auf einen «Aufstieg» des Jesus, vor allem bei Lukas. In seinem Evangelium findet sich die Szene der tiefgreifenden Wesensverwandlung des zwölfjährigen Jesus bei seiner Bar-Mizwa-Feier[41] im Tempel. Als dann Jesus von dieser Feier wieder nach Hause geht, wird von ihm gesagt: «Und Jesus schritt voran in der Weisheit, der Lebensreife und der Anmut seines Wesens, so dass das sichtbar war vor Gott und vor den Menschen.» (Lk 2_{52}) Achtzehn Jahre später steht dieser Jesus als Dreißigjähriger am Jordan und wird von Johannes getauft. Da «tönt eine Stimme aus der Geisteswelt: ‹Du bist mein geliebter Sohn, heute habe ich dich gezeugt.›» (Lk 3_{22})[42] Im Alten Testament galt der König Israels als Gottessohn und wurde bei seiner Thronbesteigung mit diesen Worten zum «Sohn Gottes» eingesetzt. In Psalm 2, den das Lukas-Evangelium hier paraphrasiert, wird der König «Gesalbter» (Messias) genannt, d.h. (auf Griechisch) «Christós». Entsprechend kann man davon ausgehen, dass Jesus in diesen achtzehn Jahren die Reife erlangt hat und «aufgestiegen» ist, um in der Taufe die Christus-Würde zu empfangen. Jetzt erst wird Jesus zum «Jesus Christus». Das sind Aspekte für eine Aszendenz-Christologie.

Wenn man diese beiden christologischen Anschauungen gegeneinander hält, wird man nicht nur das scheinbar Gegensätzliche sehen, sondern in beiden auch jeweils etwas Berechtigtes. Der Herabstieg Gottes im Opfergang seiner Menschwerdung bis zum Tod am Kreuz ist zunächst der Kern des Christentums. «Denn also hat Gott die Welt geliebt, dass er seinen eingeborenen Sohn gab, damit alle, die an ihn glauben, nicht verloren werden, sondern das ewige Leben haben» (Joh 3_{16}). Man kann sich aber auch fragen, ob umgekehrt dem göttlichen Handeln nicht etwas von Seiten des Menschen als eines werdenden «Mitarbeiter Gottes»[43] entgegenkommen muss, ein wenn auch noch so geringer Beitrag zum Heilsgeschehen. – Der Grundgedanke der Deszendenz-Christologie musste sich aber in die damalige griechisch geprägte Kulturwelt Welt zuerst einleben. Es war den Menschen damals noch nicht möglich, beide Auffassungen zusammenzuschauen. Sie mussten im Sinne eines «Entweder-Oder» entscheiden. Entsprechend fiel dann 325 in Nicäa die Entscheidung gegen die Aszendenz- und für die Deszendenz-Christologie aus. Die Auffassung, dass der Sohn als Geschöpf dem Vater nur «ähnlich» sei und deshalb eine Entwicklung durchmachen musste, an deren Ende der Vater ihn annahm, wurde zurückgewiesen. Verbindlich hingegen wurde die Auffassung, dass der Sohn nicht geschaffen, aber vom Vater «gezeugt» und damit ihm gleich sei. Die Vertreter dieser polaren Anschauungen waren damals *Arius* («gottähnlich») und *Athanasius* («gottgleich»). Die Linie des Athanasius wurde dann in den weiteren Konzilien konsequent fortgesetzt.

Indem das Christentum in die damalige heidnische Umwelt getragen wurde, kam es auch zur Begegnung und Auseinandersetzung mit der Gedankenwelt des Hellenismus. Dort wäre eine Aszendenz-Christologie leicht angenommen worden. In der Welt der ägyptischen und griechischen Mysterien, die in hellenistischer Zeit schon bis zu einem gewissen Grad in die äußere Kultur eingeflossen waren, kannte man den «vergotteten Menschen», der sich durch eine entsprechenden Schulung schließlich so weit entwickelt hat, dass er für die «Einweihung» würdig geworden ist. Da erlebt er seine «Vergottung» als grundlegende Wesensverwandlung, durch die er für die Welt «neu geboren» wird. So hätte man die Wege, die Jesus gegangen ist, als den «typischen Lebenslauf des Eingeweihten»[44] verstehen können. Aber gerade deshalb wäre eine Aszendenz-Christologie auch leicht missverstanden worden. Das ganz Andere des Christentums wäre vom schon Bekannten womöglich zugedeckt worden.

Fragen besonderer Art wurden für das griechische Denken dagegen durch die Deszendenz-Christologie aufgeworfen. Dass Gott Mensch wird, war zunächst zwar kein fremder Gedanke. Der griechischen Mythologie ist es bekannt, dass ein Gott aus einem bestimmten Anlass und zu einem bestimmten Zweck Menschengestalt annimmt, etwa wenn Zeus sich der Königin Alkmene in der Gestalt ihres Gatten Amphitryon zuwendet. Aber es ist doch klar – für die Griechen lag darin sogar die «Tragödie» des Menschseins –, dass die Unsterblichen niemals *wirklich* das Menschenlos teilen werden und können. Zwischen den Sterblichen und den Unsterblichen gibt es einen unüberbrückbaren Abgrund, sie bleiben unaufhebbar voneinander getrennt. Wann immer die Unsterblichen unter Menschen erscheinen, ist es nur vorübergehend. Sie greifen in Menschengeschicke ein, sie unterwerfen die Sterblichen der sich daraus ergebenden Schicksals-*Tragödie*, aber sie teilen das Menschenlos nicht, sie sind *nicht wirklich* Menschen, weil sie nicht sterblich sind. Erst ein Gott, der nicht nur Mensch zu sein scheint, sondern *auch stirbt*, wäre ein Gott, der *wirklich* Mensch geworden ist. Das aber war den Griechen nicht vorstellbar, weshalb sie die Götter «die Unsterblichen» nannten und am Christentum gerade das «Kreuz» ablehnen mussten. Das berichtet auch Paulus: «Die Juden fordern Zeichen, die Griechen suchen Weisheit. Wir dagegen verkündigen Christus als den Gekreuzigten: für die Juden eine Gotteslästerung, für die Griechen ein barer Unsinn.» (1 Kor 1_{22-23})

Diesen Fragen mussten sich die ersten Christen stellen. Sie mussten Antworten geben, die dem geistigen und philosophischen Niveau derer, die das Christentum in Frage stellten, entsprachen. Es galt, das Christentum als Deszendenz-Christologie auch philosophisch und in der Gedankensprache der Griechen zu verteidigen. Das geschah durch die Apologeten des 2. Jahrhunderts. Ihr zentrales Thema war deshalb die *Inkarnation Gottes*, die mit der Aussage verknüpft war: Gott ist *wirklich* Mensch geworden. So war das Urchristentum zunächst ganz auf die Tatsache der Inkarnation, der *Menschwerdung* Christi hinorientiert.

9.
Nicäa 325 – das erste Konzil

Wir konnten bei der Betrachtung von Polytheismus und Monotheismus schon von einem Zusammenhang mit den Lebenswirklichkeiten der ersten beiden Jahrsiebte ausgehen. Das hat sich auch in den Sprüchen gespiegelt, die Rudolf Steiner jeweils für das entsprechende Lebensalter gegeben hat. Die Frage war, was nach Polytheismus und Monotheismus die nächste Stufe eines Bewusstseins von Gott sein würde – jetzt im «dritten Jahrsiebt». Es zeigte sich, dass es nun um den «christlichen Gott» gehen würde, der die Polaritäten überwindet und sowohl polytheistisch als auch monotheistisch zu erleben ist. Diese Polaritäten zeigten sich nun tatsächlich im dritten und vierten Jahrhundert sehr klar, zunächst vor allem in der Frage, wie das Verhältnis des göttlichen Vaters zum Sohn zu verstehen sei. Und da wurde deutlich, dass die Zeit, «sich im Unendlichen zu finden»[45], die Zeit für eine Überwindung der Polaritäten und damit die Annäherung an das eigentliche Wesen des Christentums, noch nicht gekommen war.

Wir greifen zwei Fragen heraus, die auf dem Konzil eine besondere Rolle spielen sollten und die jeweils zu lösende Polaritäten enthielten, über die entschieden werden musste. Weil aber die Zeit für eine Lösung im Sinne eines «Sowohl-als-auch» noch nicht gekommen war, mussten diese Fragen im Sinne eines strengen «Entweder-oder» entschieden werden:

1. Ist der Sohn dem Vater *gleich* (homooúsios) – als *Ungeschaffener*?
   Oder ist der Sohn dem Vater *ähnlich* (homoioúsios) – als *Erster unter den Geschöpfen* («Theos heteros»)?

2. Ist der *Christus als Sohn Gottes* aus himmlischen Höhen «herabgestiegen», um *Mensch zu werden* (Deszendenz-Christologie)?
   Oder ist der *Mensch Jesus* durch eigene Entwicklung «aufgestiegen», so dass er *von Gott als Sohn* angenommen wurde (Aszendenz-Christologie)?

Auf dem Konzil vertraten Arius und Athanasius jeweils gegensätzliche Thesen. Das Konzil entschied sich dann für Athanasius und gegen Arius. Das Ergebnis war:

1. Der Sohn ist dem Vater «gleich» *(homooúsios)*. Er geht aus dem Vater hervor, aber nicht als Geschöpf – er ist «nicht geschaffen», sondern vom Vater «gezeugt».
2. Weil der Sohn von Anfang an dem Vater «gleich», das heißt «göttlich» ist, muss er sich die Göttlichkeit nicht erst erwerben. Als Gott wird er Mensch (Deszendenz-Christologie) durch *Herabsteigen in diese Welt*.

Die Deszendenz-Christologie und der Monotheismus, auf den sie sich stützt, mussten sich in die damalige griechisch geprägte und auf den Polytheismus sich stützende Kulturwelt erst wirklich einleben und bedurften zunächst noch einer besonderen Betonung. Das Gesamtergebnis des Konzils wurde dann in den folgenden Sätzen zusammengefasst (die im Besonderen gegen Arius gerichteten Worte sind kursiv kenntlich gemacht) als das erste verbindliche Glaubensbekenntnis. Wie drohend werden dann am Schluss noch Sätze hinzugefügt, welche dessen absolute Verbindlichkeit feststellen:

Nicänum – 325

Wir glauben an den einen Gott, den Vater, den Allmächtigen, den *Schöpfer* alles Sichtbaren und Unsichtbaren.

Und an den einen Herrn Jesus Christus, den Sohn Gottes, der als Einziggeborener aus dem Vater gezeugt ist, das heißt: aus dem Wesen des Vaters, *gezeugt, nicht geschaffen, eines Wesens mit dem Vater (homoousion to patri)*; durch den alles geworden ist, was im Himmel und was auf Erden ist;

der für uns Menschen und wegen unseres Heils *herabgestiegen* und Fleisch geworden ist, Mensch geworden ist, gelitten hat und am dritten Tage auferstanden ist,

aufgestiegen ist zum Himmel, kommen wird, um die Lebenden und die Toten zu richten.

Und an den Heiligen Geist.

Diejenigen aber, die da sagen «es gab eine Zeit, da er nicht war» und «er war nicht, bevor er gezeugt wurde», und er sei aus dem Nichtseienden geworden, oder die sagen, der Sohn Gottes stamme aus einer anderen Hypostase oder Wesenheit, oder er sei geschaffen oder wandelbar oder veränderbar, die verdammt die katholische Kirche [wörtlich: *die belegt die katholische Kirche mit dem Anathema*].

Zum ersten Mal wurde auf diesem ersten Konzil eine christliche Glaubensfrage bewegt und auf eine Weise «geklärt» , die man später «dogmatische Definition» nannte. Mit «Definition» ist auf ein Denken verwiesen, dass sich tatsächlich im strengen «Entweder-oder» bewegt, wie es der zweiten Stufe in der Entwicklung des Gottes-Bewusstseins der nachatlantischen Zeit entspricht, dem «zweiten Jahrsiebt» im Sinne unserer der menschlichen Biografie analogen Betrachtung. Dieses Bewusstsein ist auf dieser Stufe noch ganz auf den Monotheismus gegründet. Das Christentum aber – als nächste Stufe – ist mit dem «dritten Jahrsiebt» verbunden, wo Monotheismus und Polytheismus sich nicht mehr gegenseitig ausschließen. Ein entsprechender Hinweis Rudolf Steiners kann darauf ein Licht werfen: «Erst wenn man daran geht, einzusehen, wie dasjenige, was in einer höheren Welt eine Einheit ist, was als eine Einheit geschaut werden kann, in der Tat in einer niedrigeren Welt als die Drei auftritt, gelangt man allmählich dazu, das Mysterium der Drei in der Eins und der Eins in der Drei zu verstehen.»[46] Zwischen den Polaritäten von Eins und Drei gibt es eine höhere Verbindung, die erlebbar werden kann als Zusammenhang zwischen der «höheren Welt» und der «niedrigeren Welt».

10.
Konstantinopel 381 – das zweite Konzil

Das zweite allgemeine Konzil der Christenheit hängt eng mit dem ersten zusammen, das 56 Jahre zuvor stattgefunden hatte. Damals war es um eine grundsätzliche Entscheidung gegangen, die mit den Namen der beiden Kirchenlehrer Arius und Athanasius verbunden war. Der Blick auf einige zusammenfassende Punkte dieser jeweils polaren Lehren[47] von Arius und Athanasius kann etwas von der Dimension zeigen, die der geistigen Weichenstellung dieses Konzils von Nicäa zukommt.

	Arius	*Athanasius*
1.	Nicht aus Abstammungsgründen ist der Logos Erlöser, denn er ist Gott nur «ähnlich» (homoioúsios).	Der Logos gehört zu Gott, er ist Gott «gleich» (homooúsios).
2.	Der Logos als Schöpfergott (Theos heteros) ist auch der Erlösergott.	Gott braucht zur Schöpfung keinen Mittler (den Logos als Theos heteros). So ist der Logos nur Erlösergott, aber nicht Schöpfergott.
3.	Er ist geschaffen und wurde durch eigenes Schaffen erst göttlich. Er macht also eine Entwicklung[48] durch.	Der Logos ist nicht geschaffen, aber «gezeugt» und deshalb göttlich. Er macht darum auch keine Entwicklung durch. Eine Aszendenz-Christologie gibt es nicht.
4.	Er gehört zur «Welt» (Immanenz). Das ist «kosmisches Christentum».	Er hat nichts mit der gefallenen Welt zu tun (Transzendenz), es gibt also kein kosmisches Christentum.

Mit der Verdammung des Arianismus zieht sich eine Welt christlicher Wirklichkeit zunächst zurück:

- Die Logoslehre: Im nicänischen Glaubensbekenntnis kommt das Wort «Logos» nicht mehr vor.
- Das kosmische Christentum: Der Logos gehört nicht zur Welt.
- Die Aszendenz-Christologie: Ohne sie gibt es den im wahren Christentum liegenden Entwicklungsgedanken nicht mehr.
- Der Unterschied Vater-Sohn wird nicht anerkannt, sondern als polytheistische Gefahr gesehen. Der ausschließlich monotheistische Aspekt des Christentums scheint zu fordern: Der Sohn ist dem Vater gleich.
- An der neuen Schöpfung hat der Mensch auch als Christ keinen Anteil, denn der Logos ist Erlösergott, aber nicht Schöpfergott.

Mit diesen vieles einschränkenden Sätzen kommt aber umso mehr die objektive Seite des Christentums deutlich zum Vorschein, allerdings mit einer möglichen Illusion verbunden:

Das Christuswirken ist eine objektive Wirklichkeit, die von den Menschen angenommen und recht verstanden werden soll. Deshalb bedarf es dogmatischer Definitionen durch entsprechende Einrichtungen.

Man kann hier wohl die wesentliche Quelle für eine «Kirche» sehen, wie sie sich dann durch das Mittelalter hindurch entwickelt hat.

Was auf dem Konzil von Nicäa als trinitarische Frage im Mittelpunkt stand, war das Verhältnis von Vater und Sohn. Nahezu keine Rolle spielte die Frage nach dem Heiligen Geist. Entsprechend bestand dieses eigentliche (dem Inhalt nach) «Drittel» des Nicänum («Wir glauben ...») nur aus fünf Worten:

«Und [wir glauben] an den Heiligen Geist.»

Das wurde nun einer der wesentlichen Inhalte des zweiten Konzils. Der andere Inhalt war die Frage, wie das Wesen der trinitarischen «Personen» jetzt genauer beschrieben werden könnte, weil vom ersten Konzil nur die «Definition» kam, dass der Sohn dem Vater «gleich» sei, bzw. *«eines Wesens mit dem Vater» (homoousion to patri)*. Durch diese Formel sollte der Monotheismus geschützt sein: Es gibt nur «einen» Gott, auch wenn er in einer scheinbaren Dreiheit erscheint. Die Glieder dieser Dreiheit müssen deshalb alle «gleich» sein. Aber dennoch sind ja Vater und Sohn «verschieden», sonst bräuchte man sie nicht zu unterscheiden.

Hier spielten nun drei Kirchenväter, die man die «großen Kappadokier»[49] nennt, die entscheidende Rolle für das zweite Konzil. Sie übernahmen die damals schon aufgekommene Formel von der einen *«Ousía»* und drei göttlichen *«Hypostasen»*. Im lateinischen Westen wurde ihre Formel in der Übersetzung *«una substantia – tres personae»* übernommen.» Die Gleicheit in der Trinität beruht demnach darauf, dass alle in der «Substanz» (griechisch: «Ousía») eines sind. Zu unterscheiden sind sie als «Personen» (griechisch: «Hypostasen») – wobei man sich unter «Person» in diesem Falle etwas anderes vorstellen muss, als das normalerweise sprachlich gesehen und erlebt wird. In dieses Bild der Gottheit konnte dann auch der Heilige Geist aufgenommen werden. Nahezu ohne größere Auseinandersetzungen geschah es, dass man die Göttlichkeit des Heiligen Geistes zum Dogma erhob. Ihm sollte fortan gleiche Verehrung geziemen, wie sie auch dem Vater und dem Sohn zukommen.

Das Glaubensbekenntnis von Nicäa wurde auf dem zweiten Konzil im Wesentlichen übernommen, aber ergänzt um das noch fehlende «Drittel», das mit der Zukunft zusammenhängt. Der Heilige Geist wird jetzt ausdrücklich zum Glaubensinhalt und auch die Kirche wird zum ersten Mal genannt. Auf dem Konzil von Chalcedon 451 wurde das Glaubensbekenntnis bestätigt.

Der nachfolgende Wortlaut, das so benannte «Nicäno-Konstantinopolitanum», ist seit dem Konzil von Chalcedon bis heute in den christlichen Kirchen des Westens verbindliche Glaubensgrundlage.

Nicäno-Konstantinopolitanum – 381

Ich glaube an einen Gott, allmächtigen Vater, Schöpfer Himmels und der Erde, alles Sichtbaren und Unsichtbaren.

Und an den einen Herrn Jesus Christus, den eingeborenen Sohn Gottes, (der da ist) aus dem Vater vor aller Zeit geboren, Gott von Gott, Licht vom Lichte, wahrer Gott vom wahren Gott, gezeugt, nicht geschaffen, eines Wesens mit dem Vater, durch welchen alle Dinge gemacht sind,

der um uns Menschen und um unserer Seligkeit willen vom Himmel herabgestiegen und Fleisch geworden ist vom Heiligen Geiste aus Maria der Jungfrau und ist Mensch geworden,

auch gekreuzigt für uns unter Pontius Pilatus, gestorben und begraben, auferstanden am dritten Tage nach der Schrift,

aufgefahren gen Himmel, sitzet zur Rechten des Vaters und wird wiederkommen mit Herrlichkeit, zu richten die Lebendigen und die Toten, so dass seines Reiches kein Ende sein wird.

Und an den Heiligen Geist, der da ist Herr und macht lebendig, der vom Vater und vom Sohne[50] ausgeht, der mit dem Vater und dem Sohne zugleich angebetet und geehrt wird und durch die Propheten geredet hat.

Ich glaube an eine heilige, allgemeine und apostolische Kirche.

Auch bekennen wir eine heilige Taufe zur Vergebung der Sünden und warten auf die Auferstehung der Toten und ein Leben der zukünftigen Welt.

11.
Ungetrennt und Unvermischt

Die ersten beiden Stufen des Gottesbewusstseins haben wir in Verbindung mit dem Polytheismus und Monotheismus betrachtet. Den Schritt von der ersten zur zweiten Stufe hat urbildlich das Volk Israel geleistet durch den «Auszug aus Ägypten». Das war der Schritt zum Monotheismus und zur Beziehung zu Gott durch das Gesetz. Von nun an gibt es «richtiges» und «falsches» Verhalten, «Gut und Böse». Ein «guter» Mensch ist in diesem Zusammenhang ein «Gerechter», ein Mensch, der mit dem von Jahve – dem «Ich-Bin»-Gott – gegebenen Gesetz in Übereinstimmung lebt. Man kann auch sagen: Dieser Schritt «aus Ägypten» ist der Anfang des Weges vom offenen *Erleben* der Welt zum *Verstehen* des eigenen Wesens. Da kommt es zunächst darauf an, zu *unterscheiden*. In der monotheistischen Welt gibt es die «eine» Wahrheit. Man findet sie, wenn man sie vom Nicht-Wahren unterscheiden kann. Dieser Anfang des unterscheidend-denkenden Bewusstseins in der Ich-Welt der monotheistischen Wirklichkeit führt aber bald zur Frage, wie man das Unwahre denkend erkennen soll, wenn man nicht *vorher* schon weiß, was die Wahrheit ist. Man müsste sonst auf eine klare Entscheidung verzichten und erst einmal mit einer unentschiedenen Polarität leben. Durch logisches Denken können wir die Polarität als solche klar erkennen, das notwendige «Entweder-oder». Und wenn wir die Wahrheit – aus welcher Quelle auch immer (beispielsweise starke Gefühle) – schon vorher «wissen», können wir auch die Unwahrheit «erkennen». Aber das ist eben nur der erste Schritt der denkenden Seele zur Wahrheit, wo das Denken dem Seelenleben des Menschen noch «dient» und noch nicht wirklich entscheidet. Rudolf Steiner nennt diesen Grad der seelischen Entwicklung die «Verstandesseele»: «Als *Verstandesseele* sei diese vom Denken bediente Seele bezeichnet.»[51]

Dann gibt es aber noch die andere Qualität von Wahrheit, die nicht von außen kommt, in der Abgrenzung zu anderen Wirklichkeiten, sondern die ihre eigene Wirklichkeit in sich trägt und durch ein Denken erschlossen werden kann, das nicht der Seele «dienen» muss. Das ist der höhere Grad der seelischen Entwickelung, die Rudolf Steiner «Bewusstseinsseele» nennt: «Die Wahrheit ist wahr, auch wenn sich alle persönlichen Gefühle gegen sie auflehnen. Derjenige Teil der Seele, in dem *diese* Wahrheit lebt, soll *Bewusstseinsseele* genannt werden.»[52] Man könnte auch von Abstands-Seele sprechen, weil ihre Wirksamkeit in dem Maße wächst, als der Mensch «Abstand zu sich selbst» gewinnt.

Die Stufen der Entwicklung in der menschlichen Biografie haben ihre Entsprechung in der Kulturentwicklung. Die sieben nachatlantischen Kulturepochen hängen auch mit der Entwicklung entsprechender Wesensglieder des Menschen zusammen.[53] Die drei seelischen Wesensglieder haben – ähnlich den ersten drei «Jahrsiebten» in der Biografie – eine Beziehung zum entsprechenden Gottes-Bewusstsein: das erste seelische Wesensglied («Empfindungsseele») zum Polytheismus – im offenen *Erleben der Welt*; die Verstandesseele, auf dem Weg zum *Verstehen des eigenen Wesens*, hat eine greifbare Nähe zum Monotheismus; die Bewusstseinsseele auf der dritten Stufe ist schließlich der Weg, den *Christus zu verstehen* in der Überwindung der Polarität von Polytheismus und Monotheismus.

Die Entwicklung der Verstandesseele hat einen besonderen Akzent in der vierten, der griechisch-lateinischen Kulturepoche. Die fünfte Kulturepoche – dem «germanischen Element»[54] zugeordnet – schließt daran unmittelbar an mit der Aufgabe der Bewusstseinsseelen-Entwicklung und damit der Möglichkeit, das Christentum erst wirklich zu verstehen. Welche Voraussetzungen dafür schon entstanden sind, möge am Beispiel von Hegel[55] verdeutlicht werden. In seiner Philosophie gibt es das Prinzip der «Dialektik», was bedeutet, dass echte Polaritäten sich nie gegenseitig ausschließen, sondern dass es im übergeordneten Sinn eine Verbindung mit ganz neuem Inhalt gibt. Er spricht von «These», «Antithese» und «Synthese». Als Beispiel der radikalsten Polarität kann man *«Sein»* und *«Nichts»* nennen.[56] Da gilt unausweichlich «Entweder-oder». Entweder eine Sache «ist» oder sie ist «nicht» – These und Antithese. Aber Hegel weist auf das Dritte, die Synthese, die *verbindend aber nicht vermischend* über These und Antithese steht: das *«Werden»*. Das ist sowohl «Sein» als auch «Nichts». Zu den Gegebenheiten von These und Antithese erscheint als Synthese das *Werden*, das *Bewegung und Entwicklung* bedeutet. Dieser Gedanke der *Synthese*, durch welche aus einer Polarität etwas ganz Neues als *Prozess* entstehen kann, weist in die Richtung, in der die Frage nach dem «christlichen Gott», der die Polaritäten überwindet, eine Antwort finden kann.

Ein anderes Beispiel stammt von Friedrich Benesch.[57] Es geht um Gegensätze wie Wahrheit und Irrtum, schön und hässlich, gut und böse u.a. und deren «Überwindung»:

> «Die wirkliche Wahrheit ist nicht die Wahrheit,
> sondern der überwundene Irrtum.
> Und die wahre Wirklichkeit ist nicht die Wirklichkeit,
> sondern die überwundene Illusion.
> Und die wirkliche Reinheit ist nicht die ursprüngliche Reinheit,
> sondern die geläuterte Unreinheit.
> Und das wahrhaft Gute ist nicht das ursprünglich Gute,
> sondern das überwundene Böse.
> Das gilt für das ganze Weltall – auch für die Götter.

Denn auf dem Wege,
auf dem Böses umgewandelt wird,
kann sich etwas entwickeln,
was ursprünglich gar nicht in dem Guten enthalten war.

Dadurch, dass Gott sich die Widersacher geschaffen hat,
hat er sich gezwungen,
sein tiefstes Wesen noch anders zu offenbaren,
als er es ohne sie hätte tun können.»[58]

Vor diesem Hintergrund schauen wir noch einmal auf die ersten Konzilien der Christenheit zurück. Die ersten beiden (Nicäa und Konstantinopel) haben wir betrachtet und gesehen, dass die Urpolarität des Christentums zwischen Mensch und Gott nicht in ein Gleichgewicht gebracht werden konnte, und dass das «Gottsein» des Sohnes das Entscheidende wurde, dem gegenüber das «Menschsein» zurücktrat (Ablehnung der Aszendenz-Christologie). Das galt auch für die Polarität von Polytheismus und Monotheismus. Mit den nächsten beiden Konzilien setzte sich das fort. Auf dem Konzil von Ephesus (431) ging es um die Frage, ob Jesus schon von Geburt an «Gott» war oder erst zu Gott wurde, etwa bei der Jordantaufe, wo die Stimme vom Himmel sagt: «Du bist mein geliebter Sohn, heute habe ich Dich gezeugt.» Die Entscheidung des Konzils lautete: Er wurde nicht Gott, sondern war von Geburt an Gott. Maria ist die «Gottesgebärerin» (Theotokos). Wieder wurde das Menschsein Christi zurückgedrängt und eine Entwicklung ausgeschlossen. Die Polarität wurde nicht überwunden, sondern zurückgewiesen. Und auf dem vierten Konzil in Chalcedon (451) ging es schließlich direkt um die Polarität in Jesus selbst: um seine menschliche und seine göttliche Natur. Besteht Jesus also aus «zwei» Naturen? Oder ist das Göttliche und das Menschliche seines Wesens «eine» Natur? Wieder zeigten sich die Kirchenväter nicht in der Lage, im Überwinden der Polarität dem Wesen des Christus verstehend zu begegnen. Sie konnten das Wesen des Gott-Menschen Jesus-Christus nur «unlogisch» als Wesens-Einheit erklären: Die göttliche und die menschliche Natur in Jesus sind *ungetrennt* und *unvermischt*.

Die vier ersten Konzilien (Nicäa 325, Konstantinopel 381, Ephesus 431, Chalcedon 451) bilden die dogmatische Basis für das Werden der Kirche. Papst Gregor der Große (540–604) war wegen ihrer Bedeutung für die Formulierung des christlichen Dogmas so beeindruckt, dass er sie mit den vier Evangelien verglich. Wir müssen nach fast 2000 Jahren ergänzend sagen: In diesen Konzilien wurde zugleich der eigentliche und heute notwendige Weg zu Christus durch Überwindung der Polaritäten dogmatisch abgeschnitten.

III.
Der Weg vom Dogma in die Zukunft

12. Entwickelt sich Gott?

Die Frage nach einer Entwicklung Gottes ist mit einer anderen Frage verbunden: Wenn diese Welt, in der wir leben, tatsächlich das Werk eines bzw. des Schöpfers ist: *Warum* hat er diese Welt geschaffen? *Warum* hat er den Menschen geschaffen? Eine «logische» Antwort auf diese Frage gibt es nicht, denn sie könnte ja nur lauten: damit Neues entsteht, das weiterführend und im weitesten Sinne «besser» ist als das Bisherige. Dann wäre das Vorangegangene unvollkommener gewesen, und Gott «der Allmächtige» wäre nicht vollkommen. Um also heute dem Wesen des Christentums und dem mit ihm verbundenen Entwicklungsgedanken näherzukommen, bedarf es, wie schon beschrieben, einer erweiterten Logik, die über die Kategorie «Entweder-oder» hinausführt.

Rudolf Steiner hat in einer Darstellung über geistige Schulung eine Erfahrung geschildert, die auf dem Schulungsweg gemacht werden kann: «Betritt der Geheimschüler die übersinnliche Welt, dann erhält das Leben für ihn einen ganz neuen Sinn, er sieht in der sinnlichen Welt den Keimboden für eine höhere» und erkennt: Die «übersinnliche Welt *brauchte* den Durchgang durch die sinnliche. Ihre Weiterentwickelung wäre ohne diesen Durchgang nicht möglich gewesen. Erst wenn sich innerhalb des sinnlichen Reiches Wesen entwickelt haben werden mit entsprechenden Fähigkeiten, kann die übersinnliche wieder ihren Fortgang nehmen. Und diese Wesenheiten sind die Menschen.»[59]

Dieser Schilderung gegenüber stellt sich die Frage, ob es sich hier um ein Erlebnis monotheistischer oder polytheistischer Art handelt. Von Gott oder Göttern ist nicht die Rede, dafür von der «übersinnlichen Welt». Ist diese als Singular oder als Plural zu verstehen? Es ist jedenfalls die *eine* übersinnliche

Welt, die etwas *braucht*. Es geht um ihre weitere *Entwicklung*, die in Gefahr ist. Ein deutlicher Plural tritt erst in der noch niederen Welt auf, dem *sinnlichen Reich:* Da nämlich sollen sich *Wesen entwickeln*, auf die es dann für die übersinnliche Welt ankommt. Der Singular in der übersinnlichen Welt in Verbindung mit dem Plural in der sinnlichen Welt erinnert dabei an die andere – schon zitierte – Aussage Rudolf Steiners: «Erst wenn man daran geht, einzusehen, wie dasjenige, was in einer höheren Welt eine Einheit ist, was als eine Einheit geschaut werden kann, in der Tat in einer niedrigeren Welt als die Drei auftritt, gelangt man allmählich dazu, das Mysterium der Drei in der Eins und der Eins in der Drei zu verstehen.»[60] Wir können die Frage nach *monotheistisch oder polytheistisch* also mit «sowohl – als auch» beantworten. Der Blick richtet sich bei dieser Schilderung auf die Einheit der übersinnlichen Welt in Verbindung mit der Vielheit der Wesen in der sinnlichen Welt. Damit ist zugleich auf die Verbindung gewiesen zwischen monotheistischer Einheit und polytheistischer Vielheit. Das war in der Zeit des Urchristentums noch nicht möglich, weshalb Arius abgewiesen werden musste.

Noch deutlicher wird diese Situation bei dem Gedanken, dass sich die übersinnliche Welt *entwickelt*. Das bezog sich bei Arius auf den Sohn, der sich im Sinne der Aszendenz-Christologie entwickelt, was aber auf dem Konzil von Nicäa abgewiesen wurde. Wir haben dieses Thema in Kap. 8 schon behandelt.

Die deutlichste Distanz zum Konzil von Nicäa zeigt sich in dem Satz: *Die übersinnliche Welt brauchte den Durchgang durch die sinnliche*. Entsprechend der Zusammenstellung in Kap. 10 folgen hier noch einmal – zusammengefasst – die relevanten Thesen von Arius und Athanasius, welche die Fragen nach der *Entwicklung* des Logos und nach seiner Beziehung zur *«Welt»*, das heißt zur *Sinneswelt* betreffen:

Arius	*Athanasius*
Der Logos ist geschaffen und ist durch eigenes Schaffen erst göttlich geworden.	Der Logos ist nicht geschaffen, aber «gezeugt» und deshalb göttlich.
Er macht also eine Entwicklung durch.	Er macht deshalb keine Entwicklung durch.
Er gehört zur «Welt» (Immanenz) im Sinne eines kosmischen Christentums.	Er hat nichts mit der (gefallenen) «Welt» zu tun (Transzendenz). Es gibt kein kosmisches Christentum.

Wir können in den Ausführungen Rudolf Steiners einen entscheidenden Hinweis erkennen, dass für ein adäquates Verständnis des Christentums nun die dritte Stufe – das «dritte Jahrsiebt» – begonnen hat und die Zurückweisung der Gedanken des Arius heute ganz neu bedacht werden muss. Unter diesem Aspekt sollen die Themen der folgenden Kapitel bearbeitet werden.

Eine letzte Frage, die sich aus den Ausführungen Rudolf Steiners ergibt, wollen wir festhalten, aber noch offen lassen: «Erst wenn sich innerhalb des sinnlichen Reiches Wesen entwickelt haben werden mit entsprechenden Fähigkeiten, kann die übersinnliche wieder ihren Fortgang nehmen. Und diese Wesenheiten sind die Menschen.» Welche «Fähigkeiten» sind da angesprochen, von denen wir vorerst nur wissen, dass es «entsprechende» sind?

13. Weltengrund und Vatergott

Wenn wir monotheistisch von dem *einen* Gott sprechen, dann denken wir zuerst an den Schöpfer, der alles geschaffen hat. Die ganze Welt bis hin zum Menschen ist als seine Schöpfung entstanden, aber dennoch ist sie nicht identisch mit ihm, sondern eine eigene Wirklichkeit. Und weil der Schöpfer verbunden ist mit seiner Schöpfung, soll das, was in dieser Schöpfung geschieht, auch seinem Willen entsprechen. Diesen Willen vermittelt er, wenn er sich seiner Schöpfung offenbart. Der *Schöpfer* ist auch der *Offenbarer*. Und schließlich gibt es noch eine dritte Beziehung zwischen Gott und seiner Schöpfung: sein erneutes Tätigwerden in der Schöpfung im Sinne eines weiteren Fortgangs der Entwicklung. Dann wirkt Gott als *Erlöser*. Der Monotheismus sieht in dem einen Gott die zusammengehörenden und doch verschiedenen Qualitäten des *Schöpfers, Offenbarers* und *Erlösers*. Darin zeigt Gott sich auch in seiner Beziehung zur Vergangenheit, Gegenwart und Zukunft. Im Monotheismus des Alten Testamentes erscheint Gott Jahve deutlich als Schöpfer (Erschaffung der Welt und des Menschen), als Offenbarer (Gesetz vom Berg Sinai) und als Erlöser (Verheißung des Messias).

Im Polytheismus mit seinen verschiedenen Göttern ist das Bild von «Gott» grundlegend anders. Im Christentum schließlich als der dritten Stufe im Gottesbewusstsein ist das Bild Gottes noch einmal ein anderes (siehe Kap. 4). Da beginnen wir, die Polarität von Polytheismus und Monotheismus ganz neu in eine «Verbindung» zu bringen.

Der Text Rudolf Steiners im vorangehenden Kapitel, die Aufgabe und Bedeutung der Sinneswelt und des Menschen betreffend, entspricht dieser Erwartung. Nun fragen wir weiter, wie das Bild Gottes in dieser Beschreibung erscheint. «Aber diese einstige übersinnliche Welt brauchte den Durchgang durch die sinnliche. Ihre Weiterentwickelung wäre ohne diesen Durchgang nicht möglich gewesen. Erst wenn sich innerhalb des sinnlichen Reiches Wesen entwickelt haben werden mit entsprechenden Fähigkeiten, kann die übersinnliche wieder ihren Fortgang nehmen. Und diese Wesenheiten sind die Menschen.»

- Dass die Schöpfung ein freier Akt des Schöpfers ist, wird nicht gesagt. Es wird vielmehr ein von außen kommender Grund genannt, der den Schöpfungsakt notwendig macht: Die weitere Entwicklung der übersinnlichen Welt ist in Frage gestellt.
- Es gibt also bereits eine sich entwickelnde übersinnliche Welt. Notwendig ist für sie jetzt: der «Durchgang» durch die Sinneswelt. Genauer müsste man sagen: der «Durchgang» durch etwas, was erst noch geschaffen werden muss.
- Darauf richtet sich nun zuallererst der Schöpfungsakt: Es soll etwas entstehen, *damit etwas entstehen kann:* Die übersinnliche Welt soll sich weiter entwickeln können. Das Wort «übersinnlich» ist zunächst noch ohne spezifischen Inhalt, weil es die Polarität der «sinnlichen» Welt noch gar nicht gibt.
- Das ist der Ausgang für die Erschaffung der Welt Doch auch diese Schöpfung ist noch nicht das Eigentliche. Das erscheint erst, wenn die übersinnliche Welt beginnt, die sinnliche Welt als «Durchgang durch die Sinneswelt» zu durchdringen.
- Damit für die übersinnliche Welt dann tatsächlich die neue Möglichkeit entsteht, wieder «ihren Fortgang» zu nehmen, müssen sich erst ganz neue «Wesen» mit «entsprechenden» Fähigkeiten entwickelt haben. Diese für die übersinnliche Welt entscheidenden Fähigkeiten der sich neu entwickelnden «Wesen» sind erst das eigentliche Ziel der Schöpfung. Aber es kann nicht gesagt werden, welche Fähigkeiten das konkret sein sollen – nur: «entsprechende».

Wir sehen in diesem Bild der Schöpfung einerseits ein konkretes Schöpfungsziel: Wesen (Menschen) mit «entsprechenden

Fähigkeiten». Andererseits ist alles ungewiss und offen. Einerseits gibt es eine sehr klare Notwendigkeit für die übersinnliche Welt. Andererseits ist es unklar, was die übersinnliche Welt gewinnen soll beim «Durchgang durch die Sinneswelt». Der Schöpfer selbst tritt nicht in Erscheinung, anders als etwa beim Schöpfungsbericht im Alten Testament.

Etwa sechs Jahre später veröffentlicht Rudolf Steiner in seiner ‹Geheimwissenschaft› einen ausführlichen «Schöpfungsbericht»[61] als grundlegende Darstellung der *Entwicklung* von Mensch und Kosmos. Auch da erscheint der *Schöpfergott* nicht unmittelbar, sondern es gibt am Anfang Wesen, welche ihre eigene Substanz ausströmen lassen, die zunächst «eigenschaftsloser Wille» genannt wird. In immer neuer Folge arbeiten andere Wesen formend und gestaltend weiter mit dieser Willenssubstanz, und so begibt sich in einem langen Entwicklungsprozess allmählich die Schöpfung der Welt und des Menschen in allen ihren konkreten Einzelheiten. Der *eine Schöpfergott*, der alles ordnet und zusammenhält, bleibt unwahrnehmbar im Hintergrund. Im Vordergrund stehen die Wesen der neun Engelhierarchien, jeweils in ihrem besonderen Wirken entsprechend dem Grad ihrer eigenen Entwicklung. Einer dieser Grade hat einen Namen und heißt «Menschheitsstufe», womit zugleich auf den Menschen gewiesen wird als dem eigentlichen Mittelpunkt dieser Schöpfungs-Entwicklung. Alles kommt darauf an, dass sich in diesem Prozess einmal «Wesen entwickelt haben werden mit entsprechenden Fähigkeiten». Dann erst kann die übersinnliche Welt «wieder ihren Fortgang nehmen».

Wieder stellen wir uns die Frage: Wie ist bei diesen Schilderungen das Verhältnis einer monotheistischen Weltsicht zur polytheistischen? Der im Sinne des Monotheismus *eine* Schöpfergott bleibt unwahrnehmbar im Hintergrund. Im Vordergrund stehen die vielen schöpferischen Wesen der Hierarchien. Ist also der hier dargestellte Schöpfungsgedanke mit dem Monotheismus, wie er durch das Volk Israel errungen wurde und im Alten Testament zum Ausdruck kommt, überhaupt vereinbar?

Wir gehen davon aus, dass wir auf den heute sich eröffnenden Wegen eines Gottesbewusstseins der dritten Stufe (dem «dritten Jahrsiebt») dem Christentum näher kommen können als das noch in der ersten Periode des Christentums möglich war. Da dominierte noch die monotheistische zweite Stufe, wie sich das in den Vorgängen der ersten Konzilien und der Arius-Athanasius-Auseinandersetzung zeigte. Was wir auf der dritten Stufe erwarten, ist nicht mehr eine Entscheidung zwischen Polytheismus und Monotheismus, sondern die Überwindung ihrer Polarität.

Da ist es wichtig, den Blick noch einmal auf den Augenblick zu richten, wo das israelitische Volk durch den Auszug aus Ägypten den Anfang damit machte, mühevoll als «Wüstenerfahrung» den Monotheismus als Akt der Menschheitsentwicklung und als Voraussetzung für die neue Stufe des kommenden Christentums auszubilden. Der Gott Israels, Jahve, war das Urbild *des einen Gottes*, dem man sich im strengsten Sinn nur als Monotheist nahen darf. So spricht er es selbst aus (erstes der Zehn Gebote): «Ich bin Jahve, dein Gott, der dich aus Ägypten geführt hat, aus dem Sklavenhaus. Du sollst neben mir keine anderen Götter haben.» Der Inhalt dieses Gebotes erscheint deutlich als strenge Forderung einer monotheistischen Grundhaltung, wie sie dann auch als Kern der israelitischen Religion gewirkt hat. Genau genommen kann man diesen Satz aber auch so verstehen: «Es gibt viele Götter, aber entscheide dich für den *Einen.*» Dem würden dann Erfahrungen des Lebens entsprechen, wenn es darum geht, sich für die «eine» Sache oder den «einen» Menschen zu entscheiden, auch wenn es viele gibt und einem eine Entscheidung womöglich schwer fällt. Was also bedeutet «Monotheismus» im Genaueren in Bezug auf eine Vielheit von Göttern? Was beinhaltet dieser Satz Jahves im «ersten Gebot» tatsächlich?

Etwas ganz Anderes wäre ein Erleben, dass es zwar viele Götter gibt, dass aber diese Vielheit *auf einer höheren Stufe* auch zusammengefasst ist zu einer Einheit, dass etwa – vergleichsweise ausgedrückt – alle die «gleiche Sprache» sprechen. Es gibt diese *Einheit in der Vielheit*, wie uns das ähnlich schon in dem Hinweis Rudolf Steiners begegnet ist, dass in einer *höheren Welt* als eine Einheit erscheinen kann, was in einer niedrigeren Welt als Vielheit («die Drei») auftritt. Diese Einheit als *Vielheit in einer «niedrigeren Welt»* fängt bei der Familie an, kann sich auf ein Dorf und seine Bewohner beziehen und schließlich unbeschränkt jede Größe einer Gemeinschaft annehmen. Wann kommen wir in Bezug auf die Welt beim wirklichen Monotheismus an? Die Antwort kann nur lauten: wenn das Gemeinsame so «unendlich groß», so «allumfassend» ist, dass es etwas «Anderes», das nicht Teil des Gemeinsamen ist, nicht mehr geben kann.

Für unsere jetzige Zeit mit ihrer Aufgabe, die *Bewusstseinsseele* auszubilden und zu entwickeln, werden Polaritäten verschiedenster Art und ihre Überwindung eine große Rolle spielen. Das wird zugleich die Möglichkeit stärken, sich auf dieser dritten Stufe dem Gott des Christentums erst wirklich verstehend anzunähern. Wie ein Symbol für diese etwa ab dem 15. Jahrhundert beginnende Zeit erscheint der bedeutende Philosoph und Kardinal *Nicolaus Cusanus* (Nikolaus von Kues, 1401–1464) mit prägenden Gedanken im Sinne der erwachenden Bewusstseinsseele. Für uns von Bedeutung ist sein Gottesbegriff in Verbindung mit dem (lateinischen) Begriff «coincidencia oppositorum», was etwa «Zusammenfall (Verbindung) der Gegensätze» bedeutet. Weil der Mensch ein endliches Wesen ist, kann er sich das Unendliche nicht wirklich vorstellen. Nur dort aber findet sich jene Wirklichkeit, in der es keine Gegensätze mehr gibt. Das kann ein einfaches Beispiel zeigen: In unserer normalen, irdischen Welt sind die «krumme» und die «gerade» Linie Gegensätze und im Sinne von «Entweder-oder» prinzipiell verschieden. Ein Kreis ist immer eine in sich geschlossene krumme Linie. Je größer aber der Kreis wird, das heißt je länger sein Radius wird, desto weniger «krumm» erscheint die Kreislinie gegenüber einer Geraden. Wenn schließlich der Radius ins Unendliche wächst, was in unserer endlichen Sinnenwelt nur gedanklich, nicht sinnlich möglich ist, wird die «Krümmung» der Kreislinie vollständig aufgehoben und damit auch die Polarität von «gerade» und «krumm». Sie sind «im Unendlichen» nicht mehr unterschieden, sondern es gilt da die *«coincidencia oppositorum»*. Aber auch «im Unendlichen» bleibt der Kreis das, was er ist: ein «krummer» Kreis, der sich unterscheidet von der «geraden» Geraden. Doch es entfällt im Unendlichen die Polarität von «gerade» und «krumm» *als Gegensatz*. «Überwindung der Polaritäten» – das haben wir als das wesentliche Motiv der Bewusstseinsseele schon genannt. So können wir Nicolaus Cusanus mit dem Motiv der «coincidencia oppositorum» auch als Türöffner für unsere Zeit der Bewusstseinsseelen-Entwicklung bezeichnen.

Wir haben gesehen, dass der Monotheismus, wie er für das Volk Israel im ersten der Zehn Gebote gefordert wird, einem bloßen «Verzicht» auf andere Götter sehr nahekommt. Das ist aber noch nicht wirklicher Monotheismus, der nämlich erst dann eine Wirklichkeit ist, wenn der *eine* Gott auch erlebt wird als *einziger Gott*. Und *einzig* ist er dann, wenn es ihm gegenüber keine Polaritäten mehr gibt, kein *Anders*-sein. Der *Einzige* birgt in sich alle unendlich verschiedenen Möglichkeiten des Seins. In ihm fallen alle Gegensätze zusammen: «coincidencia oppositorum». Und dann wäre der richtige Name für Gott ein solcher, für den es auch sprachlich keinen Plural mehr gibt wie das bei «Gott» noch der Fall ist als «Götter». Rudolf

Steiner hat in seinen Ausführungen «Gott» im Allgemeinen nie direkt benannt. Sehr oft spricht er von der «übersinnlichen Welt», statt von Gott. Umso mehr fällt es ins Gewicht, dass durch ihn dann doch das spezifische Wort entstand, das als angemessene Benennung für den monotheistischen Gott gelten kann. Es findet sich schon 1886 in seiner ersten eigenen Buchveröffentlichung ‹Grundlinien einer Erkenntnistheorie der Goetheschen Weltanschauung›:

«Der gesamte *Seinsgrund* hat sich in die Welt ausgegossen, er ist in sie aufgegangen. Im Denken zeigt er sich in seiner vollendetsten Form, so wie er an und für sich selbst ist. Vollzieht daher das Denken eine Verbindung, fällt es ein Urteil, so ist es der in dasselbe eingeflossene Inhalt des *Weltgrundes* selbst, der verbunden wird. Im Denken sind uns nicht Behauptungen gegeben über irgendeinen jenseitigen *Weltengrund*, sondern derselbe ist substantiell in dasselbe eingeflossen.»[62]

Drei verschiedene Worte in einem Abschnitt verwendet Rudolf Steiner hier offensichtlich zunächst noch synonym: *Seinsgrund – Weltgrund – Weltengrund*. Die ersten beiden Worte sind in der Philosophie eingeführte Begriffe. Das Wort «Weltengrund» hingegen ist in der deutschen Sprache neu und wird von Rudolf Steiner – soweit erkennbar hier zum ersten Mal – als philosophischer Begriff verwendet. 21 Jahre später erscheint dieses Wort bei ihm wieder, jetzt aber als gesprochenes Wort im Rahmen eines Vortrags in Berlin und ohne philosophischen Kontext: «Denn die Keime hat der göttliche Weltengrund in die Welt gelegt, damit sie aufgehen, damit sie Blüten und Früchte tragen.»[63] Zum ersten Mal wird jetzt vom «göttlichen Weltengrund» gesprochen. Das ist nun tatsächlich ein alles umfassender Name für den monotheistischen Gott. Ein sprachlicher Plural («Weltengründe») wäre nicht mehr signifikant, auch in diesem Bereich geht es immer um den *einen* Gott, den alles umfassenden «Grund», auf dem alles ruht. Nichts gibt es, das «außerhalb» sein könnte. Und doch ist im ersten Teil des Namens mit «Welten-» ein verborgener Plural im Namen anwesend, die ganze Vielfältigkeit des *einen* Kosmos repräsentierend.

Die monotheistische Annäherung an die Wirklichkeit des Weltengrundes und das polytheistische Verstehen der in ihrer Entwicklung ganz verschiedenen Wesen der Hierarchien gehören zusammen und sind in dem Sinne, wie wir das beschrieben haben, das Ganze der Schöpfung. Es geht um die Erschaffung der Sinneswelt, weil die übersinnliche Welt sie für ihren «Durchgang durch die Sinneswelt» benötigt. Das heißt für den ersten Akt: Die Wesen der übersinnlichen Welt lassen alles hinter sich, was ihr bisheriges «Sein» ausgemacht hat, um in jeweils ganz verschiedener Weise in die völlig andere Substanz des Sinnlichen «einzutauchen». Dieses «Loslassen» um eines ganz Anderen willen ist seinem Wesen nach ein Opfer. In diesem Sinne beginnt auch die Erschaffung der Welt mit dem Opfer ihres Schöpfers. In Bezug auf die hierarchischen Wesen beginnt die Schöpfung mit Wesen aus der ersten Hierarchie, den *Thronen*. Sie stellen aus ihrem eigenen Sein die Substanz des Willens zur Verfügung, der aber nicht «willensorientiert» ist, sondern noch «eigenschaftsloser Wille».[64] So können dann andere Wesen diese «Willenssubstanz» zur Grundsubstanz der Sinneswelt umgestalten. Und schließlich wird durch die Kraft des Opfers auch noch «Wärme» einbezogen, die sowohl als sinnliche Wärme wie auch als seelisch-geistige Wärme eine Brücke zwischen beiden Welten, der sinnlichen und der übersinnlichen, bilden kann: «Wir haben gesagt, daß die Geister des Willens oder die Throne Opfertaten verrichtet haben ..., und diese Taten des Opfers sind es, die, gleichsam von außen angeschaut, als Wärme erscheinen.»[65]

Aber nicht nur der polytheistische Blick auf die Hierarchien, beginnend bei den *Thronen* (Geistern des Willens), führt zum Opfer als Grundlage der Schöpfung, sondern auch die monotheistische Frage nach dem Weltengrund. Auf seinen forschenden Erkenntniswegen, der Frage folgend: «Was ist *Wirklichkeit?*» ist Rudolf Steiner aufgewacht für dieses Opfer des Weltengrundes, wie wir das schon betrachtet haben: *«Der gesamte Seinsgrund hat sich in die Welt ausgegossen,* er ist in sie aufgegangen. Im Denken zeigt er sich in seiner vollendetsten Form.»

Zusammenfassend können wir jetzt sagen: Die übersinnliche Welt brauchte den Durchgang durch die sinnliche Welt. Deshalb hat «Gott» die (Sinnes-)Welt erschaffen, indem sich die übersinnliche Welt in die sinnliche hinein opferte. Im «Gott» des Christentums verbinden und durchdringen sich Monotheismus und Polytheismus. Die höheren Wesen der Hierarchien opfern für das Entstehen der Sinneswelt etwas von ihrer übersinnlichen Substanz. Eines der Ergebnisse ist die *Wärme*, in der das Übersinnliche und das Sinnliche sich verbinden und durchdringen können.[66] – Vom Weltengrund, der Einheit von Allem, entsteht das Bild, dass er sich selbst der Sinneswelt hingegeben und geopfert hat: «Er ist in sie aufgegangen.» Wir sollen ihn – *die übersinnliche Welt* – deshalb in der *sinnlichen Welt* finden. Wir müssen sogar noch weitergehen und sagen: Der alle Gegensätze in sich zusammenfassende *allmächtige Gott* hat den *Durchgang durch die Sinneswelt* dadurch begonnen, dass er sich dieser Welt hingegeben, sich in sie *ausgegossen* und sich so zum *ohnmächtigen Gott* dieser Welt gemacht hat, der in der Entwicklung des Menschen nur dann wirksam werden kann, um die *entsprechenden Fähigkeiten* auszubilden, wenn dieser ihn *in der Sinneswelt, in der Natur sucht*: «Gott ist nicht, aber die Natur ist. In der Natur muß er gefunden werden. In ihr hat er sein Zaubergrab gefunden … Gott ist die Liebe. Denn Gott hat diese Liebe bis zum äußersten gebracht. Er hat *sich* selbst in unendlicher Liebe hingegeben; er hat sich ausgegossen; er hat sich in die Mannigfaltigkeit der Naturdinge zerstückelt; sie leben, und er lebt nicht in ihnen. Er ruht in ihnen. Er lebt im Menschen. Und der Mensch kann das Leben des Gottes in sich erfahren. Soll er ihn in die Erkenntnis kommen lassen, muß er diese Erkenntnis schaffend erlösen.»[67]

Wenn wir nun im Folgenden vom «Sohn Gottes» sprechen, beziehen wir die Sohnschaft auf den im strengen Sinn *monotheistischen Gott*, den *Weltengrund*. Er ist nicht deshalb der «Eine», weil wir dem Gebot folgen: «Du sollst neben mir keine anderen Götter haben», sondern weil es nichts gibt, das «außer ihm» wäre. Es ist deutlich, dass der *Weltengrund* nicht der Gott des Alten Testamentes sein kann. Für *Jahve* gibt es keine «anderen Götter», die zu seinem Reich dazugehören. Der *Weltengrund* umfasst *alles*, auch «andere Götter». Es gibt nur das eine, allumfassende Reich, das – vergleichsweise gesprochen – nach «außen» monotheistisch, nach «innen» polytheistisch ist. In dem oben erwähnten «Schöpfungsbericht» Rudolf Steiners findet sich ein indirekter Hinweis auf Jahve als einem Wesen der Hierarchien: «Durch die «Geister der Form» erhält der Mensch sein selbständiges ‹Ich›.»[68] In der mittelalterlichen Benennung der Engel-Hierarchien sind es die *Exusiai*, die Rudolf Steuer dann «Geister der Form» nennt. Sie stehen in einer unmittelbar schöpferischen Beziehung zum «selbständigen Ich» des Menschen. Und da gibt es eine Brücke zu jener Stelle im Alten Testament, die wir oben (Kap. 1) schon genannt haben, wo *Jahve* aus dem «brennenden Dornbusch» zu Mose spricht: «Ich bin, der ich bin ... So sollst du zu den Söhnen Israel sagen: Der ‹Ich bin› hat mich zu euch gesandt.» (2 Mose $3_{13\text{-}14}$). Es liegt nahe, im Bereich der Geister der Form auch das Wesen von Jahve zu sehen. Das heißt: *Der Vater des Christus* und *der Gott des Alten Testaments* sind nicht identisch.

14.
Logos – Christus – Sohnesgott

Der Gedanke, dass Gott einen «Sohn» hat, steht im Mittelpunkt des Christentums. Vorbereitet ist dieser Gedanke schon im Judentum (Messias) und Griechentum (Logos). Die Logoslehre (siehe Kap. 7) sagt: Der *Logos* ist das Prinzip der Welt und der Offenbarung zugleich. Er ist der *Theós héteros*, der «andere Gott», der schon vor aller Schöpfung geschaffene Logos, der aber dann seinerseits als göttliches Wesen die Welt erschafft. Im Judentum war es der Messias, der in einer besonderen Beziehung zu Gott stand. Der jeweilige König von Israel wurde zum König *gesalbt*. So war er der *Gesalbte des Herrn*, d.h. der *Messias* und trug auch noch den Titel «Sohn Gottes». So hat es David, als erster König von Israel, in seinem zweiten Psalm («Krönungspsalm») niedergelegt: «Ich will erzählen vom Ratschluss des Herrn; er hat zu mir gesagt: «Du bist mein Sohn, heute habe ich dich gezeugt.» (Ps 2_7)

Von dieser Vorbereitung im Judentum und Heidentum gibt es unmittelbare Brücken in das Neue Testament. Die Brücke von der Logoslehre zum Prolog des Johannes-Evangeliums haben wir schon behandelt. Und ein Beispiel für die Brücke vom «Sohn Gottes» im Alten Testament zum Neuen Testament ist das direkte Zitat aus dem Krönungspsalm – «Du bist mein Sohn, heute habe ich dich gezeugt» – bei der Jordantaufe des Jesus (Lk 3_{21-22}). Aber diese Vorbereitungen zeigen noch nicht die volle Wirklichkeit des Christus-Ereignisses. Der im Judentum erwartete Messias als Erlöser der Endzeit ist ein Bild für den Christus, den «Gesalbten» – auch sprachlich, da die Namen Messias und Christus beide ja der «Gesalbte» bedeuten. Auch der griechische Logos als der *Theós héteros* kann als ein Bild für den Christus gesehen werden, durch den alles in der Schöpfung geworden ist (vgl. Joh. 1,3). Aber das eigentlich Neue im Christentum, das in diesen vorbereitenden Bildern noch nicht erscheint, ist die besondere Beziehung, die zwischen Gott und Christus besteht: Der Christus trägt nicht nur wie der israelitische König den Titel «Sohn Gottes», sondern er ist *wirklich* Gottes Sohn. Ähnlich müsste man über den griechischen Logos-Christus sprechen, der eben in seiner schaffenden Kraft nicht nur der *Theós héteros*, der «andere Gott» ist, sondern der mit Gott verbunden ist als *Sohn*. Wir haben gesehen, welche Mühe in den ersten christlichen Jahrhunderten aufgebracht wurde, solche Gedanken in Zusammenhang zu bringen mit einem nicht in Frage gestellten Monotheismus. Der Weg, durch auftretende Polaritäten sich nicht zu einer Entweder-oder-Entscheidung nötigen zu lassen, sondern in der Überwindung der Polaritäten einen neuen Weg zu finden, ist für das Verständnis des Christentums unerlässlich – das haben wir schon bewegt.

Was ist nun das Besondere des Logos-Christus «als Sohn» Gottes gegenüber den Vorbildern aus dem hellenistischen oder israelitischen Kulturbereich? Die entscheidende Antwort finden wir im Prolog des Johannes-Evangeliums (vgl. Kap. 7): «Und das Wort ist Fleisch geworden und hat unter uns gewohnt, und wir haben seine Herrlichkeit gesehen, die Herrlichkeit des einzigen Sohnes vom Vater, voll Gnade und Wahrheit.» Der Logos-Christus hat nicht nur als ihr Schöpfer die Welt erschaffen, sondern ist dann selbst eingetaucht in diese Welt, ist «Fleisch» geworden, und hat das Dasein eines Geschöpfes angenommen. Er ist *Schöpfer und Geschöpf zugleich*. Dieses Eintauchen in die Sinneswelt ist das gleiche Motiv, das wir schon in Verbindung mit dem Vater dieses «einzigen Sohnes» gesehen haben: dem Weltengrund. Einige Sätze des vorigen Kapitels sollen hier noch einmal inhaltlich wiederholt werden: Der Weltengrund selbst, die Einheit von

Allem, hat sich der Sinneswelt hingegeben und geopfert, er ist in ihr aufgegangen und so zum *ohnmächtigen* Gott dieser Welt geworden. Wir sollen ihn – *die übersinnliche Welt* – deshalb in der *sinnlichen Welt* suchen. Nur wenn der Mensch beginnt, Gott in dieser Sinneswelt zu suchen, beginnt für ihn der Weg, allmählich die *entsprechenden Fähigkeiten* zu entwickeln, auf die alles für den weiteren Fortgang der Welt ankommt.

Mit der Menschenschöpfung ist für die übersinnliche Welt der «Durchgang durch die Sinneswelt» verbunden, sie «braucht» diesen Durchgang. So opfert sich die übersinnliche Welt in die Sinneswelt. Der allmächtige Weltengrund hat sich in die Sinneswelt «ausgegossen». Der Logos-Christus als weltschöpferische Wesenheit hat sich in die Sinneswelt inkarniert. So soll die Sinneswelt immer mehr zum Keimboden für eine ganz *neue Schöpfung* werden, wo sich Menschen entwickeln können als «Wesen mit entsprechenden Fähigkeiten».

15.
Christus und das Weltenwort

Nach dem Glaubensbekenntnis des zweiten Konzils, dem Nicäno-Konstantinopolitanum, ist Christus «der eingeborene Sohn Gottes» und «nicht geschaffen», sondern «gezeugt»: «Ich glaube an einen Gott, allmächtigen Vater, Schöpfer Himmels und der Erde, alles Sichtbaren und Unsichtbaren. Und an den einen Herrn Jesus Christus, den eingeborenen Sohn Gottes, der da ist aus dem Vater vor aller Zeit geboren, Gott von Gott, Licht vom Lichte, wahrer Gott vom wahren Gott, gezeugt, nicht geschaffen, eines Wesens mit dem Vater, durch den alles geschaffen ist.»

An der Schöpfung hat der «Sohn» keinen Anteil, denn es ist der Vater, durch den alles geschaffen ist. Im Johannes-Evangelium ist aber nicht der Vater, sondern das Wort, der Logos, Schöpfer des Alls: «Im Urbeginne war das Wort ... Alles ist durch dasselbe geworden, und außer durch dieses ist nichts von dem Entstandenen geworden.» Im Glaubensbekenntnis der Konzilien kommt das Wort «Logos» jedoch nicht mehr vor. Mit der Zurückweisung des Arianismus geht auch die Logos-Philosophie unter. So kommt es, dass entgegen dem Prolog des Johannes-Evangeliums das Nicäno-Konstantinopolitanum davon spricht, dass Vater und Sohn einer Substanz sind, dass aber der Vater die Welt erschaffen hat und nicht der Sohn und damit auch nicht der Christus. Indirekt ist so auch der Logos von der Schöpfung ausgeschlossen. Die Frage stellt sich: Sind Sohn, Wort (Logos) und Christus die gleiche Wirklichkeit? Und wie lässt sich der Schöpfungs-Prozess beschreiben, durch den die Welt entstanden ist?

Um dieser Frage nachzugehen, beziehen wir uns auf eine Darstellung Rudolf Steiners zu dieser Thematik.[69] Zunächst aber nehmen wir die Entwicklung des Kosmos und des Menschen, wie sie in der Anthroposophie dargestellt wird, zum Ausgangspunkt.[70] Der Schöpfergott in der antiken Logoslehre ist der *Theos héteros*, der «andere Gott». In der Anthroposophie erscheint konkret der Organismus der Hierarchien als «der Schöpfer» des Kosmos. Das sind die neun Engelchöre, wie sie seit dem christlichen Altertum (Pseudo-Dionysios) bekannt und oft auch in der christlichen Kunst dargestellt sind. Die Tatsache der Hierarchien ist in der zweitausendjährigen christlichen Tradition verankert, erstaunlicherweise gibt es aber über deren Wirken und Bedeutung für den Schöpfungsprozess so gut wie keine Vorstellungen. Zwar gibt es sowohl bei einzelnen Theologen im spätantiken Judentum als auch in gnostischen Schriften die Vorstellung einer Mitwirkung der Engel an der Schöpfung; sie hat aber keinen Einzug in das allgemeine Christentum der Kirchen gefunden.[71] Erst im letzten Jahrhundert entstand allmählich eine Engel-Literatur, die über den bisherigen Zustand des Nichtwissens wenigstens anfänglich etwas hinausgeht.[72] Arius folgend können wir sagen: Der *Theos héteros* lebt nicht in der transzendenten Ewigkeit, sondern ist im Hinblick auf den Kosmos der *diesseitige* Schöpfergott, der aufs engste mit der Schöpfung verbunden ist. Er ist in fortwährender Entwicklung und hat deshalb «göttliche Eigenschaften nur als erworbene und nur teilweise»[73]. Die neun Engelchöre können in dieser Weise als die Wesensglieder des *Theos héteros* aufgefasst werden.[74] Sie sind schon da, wenn die kosmische Evolution, in welche die Menschwerdung eingebettet ist, mit einer Schöpfung aus dem Nichts (dem «Opfer der Throne») beginnt; sie sind schon weit *vor* der Schöpfung «geschaffen» und bilden so den *Anfang* des Schöpfungsprozesses. Von den Engeln über die Erzengel bis zu den Cherubim und Seraphim wächst die Vollkommenheit, die Fülle der «göttlichen Eigenschaften», die durch die jeweils vorausgehende Entwickelung der einzelnen Wesen «erworbene» sind und deshalb immer nur «teilweise» vorhanden. Dennoch bilden die Hierarchien das *Ktisma téleion*, das nach den Gegebenheiten der Schöpfung jeweils *vollkommene Geschöpf*, weil sie immer über dem Menschen stehen, d.h. für ihn – Mittelpunkt der Schöpfung – immer Ziel sind.

Wenn *Athanasius* vom Logos spricht, meint er im Wesen des trinitarischen Gottes den ungeschaffenen Logos, der keinen Anteil am Entstehen der Schöpfung hat. Wenn *Arius* vom Logos spricht, meint er den geschaffenen Logos, den *anderen* Gott (Theos héteros), der vor aller Schöpfung geschaffen ist als das *vollkommene* Geschöpf (Ktisma téleion) und der zugleich als der Schöpfergott den Kosmos hervorgebracht hat und weiter in ihm waltet und wirkt. Zwischen dem ewigen Logos und dem in der zeitlichen Entwicklung wirkenden geschaffenen Logos besteht eine Beziehung. Indem der trinitarische Gott als Ausgangspunkt des Schöpfungsprozesses aus der absoluten Ruhe heraus in Bewegung kommt, «äußert» er sich; er spricht das Wort, den Logos aus. Der «geschaffene Logos» erscheint, und so können wir in dem neungliedrigen Organismus der Hierarchien den geschaffenen Logos, den Schöpfergott, sehen: «Er ist in fortwährender Entwicklung und hat deshalb göttliche Eigenschaften nur als erworbene und nur teilweise».

In diesem Schöpfungsprozess gibt es ein bestimmtes Ereignis, von dem Rudolf Steiner spricht. In der anthroposophischen Darstellung der Evolution ist das die Entwicklungsstufe der «alten Sonne» und bezieht sich auf zwei Wesen, die wie Brüder sind und sogar schwer zu unterscheiden. Beide haben es mit Licht zu tun. Der eine, als Herrscher auf der Sonne, hat es mit jenem Licht zu tun, das die Welt erleuchten soll, «ein Bild vollster Hingabe an dasjenige, was ringsherum sonst in der Welt ist.»[75] Der andere bezieht sich auf das innere Licht des Erkennens, das ihn selbst leuchten lässt, «ein Geist, welcher durch alles das, was er an sich hat, begabt ist mit einem unendlich großen Stolze.»[76] Dieser Stolz führte allmählich dazu, dass dieser Geist «immer mehr und mehr verlor von seiner Herrschaft, daß ihm immer mehr und mehr verloren ging das Reich der Venus», deren Herrscher er war, und er schließlich nur noch «eine nach abwärts gehende Entwickelung durchmachen konnte.»[77] Das ist die Gestalt des Luzifer.

Auf der anderen Seite haben wir das, was mit der Gestalt des Christus sich ereignet, dem Herrscher des (damals noch) Sonnen-*Planeten.* Da geschieht nun das Eigentümliche, dass aus ganz verschiedenen Richtungen, wie aus den zwölf Richtungen des Tierkreises, etwas tönend den Raum erfüllt, was genannt wird «das unausgesprochene Weltenwort». Dieses «unausgesprochene Weltenwort» nahm der Christus ganz in sein Wesen auf: Da «gab sich der Christus dem Eindruck dieses Weltenwortes unaussprechlicher Art hin und nahm es ganz, ganz in sich auf; so daß sie jetzt in der Christus-Seele vereint waren, daß diese Christus-Seele das *Vereinigungswesen* war der großen, durch das unaussprechliche Wort hineintönenden Weltgeheimnisse. So tritt uns der Gegensatz des das Weltenwort empfangenden Christus und des stolzen Luzifer, des Venusgeistes, entgegen.»[78]

Der Christus hatte das Weltenwort – den ungeschaffenen Logos – ganz in sich aufgenommen. Ein neues «Wesen» ging daraus hervor, von Rudolf Steiner «Vereinigungswesen» genannt. Wir sagten schon, dass in dem neun-gliedrigen Organismus der Hierarchien der geschaffenen Logos, der Schöpfergott, erscheint: Er ist in fortwährender Entwicklung und hat deshalb göttliche Eigenschaften nur als erworbene und nur teilweise. In diesem Bereich des «geschaffenen Logos» wirkte Christus als eine höchste Wesenheit, als Herrscher des Sonnenplaneten. Und dann kam der Schritt zum «Vereinigungswesen»: «Aufgenommen hatte aber der Christus während der alten Sonnenzeit das Weltenwort; und dieses Weltenwort hat die Eigenschaft, daß es sich in der Seele, von der es aufgenommen wird, zu erneuertem Lichte entzündet, so daß von der alten Sonnenzeit an das Weltenwort in dem Christus Licht wurde, und der Planet, dessen Herrscher der Christus war, von der alten Sonnenzeit an sich zum Mittelpunkt des ganzen Planetensystems, zur Sonne, entwickelte, und die anderen Planeten in Abhängigkeit kamen von der Sonne, auch in Bezug auf ihre geistigen Herrscher ... Durch seine Hingabe an das Weltenall, durch die Aufnahme des göttlich-schöpferischen Wortes, durch die Identifizierung mit dem göttlich-schöpferischen, mit dem unaussprechlichen Wort ... wurde der Christus aus dem Herrscher eines Planeten, der er war in der alten Sonnenzeit, der Herrscher über die anderen Planeten, mit dem Regierungsgebiet der Sonne.»[79]

Es ist deutlich, dass das Christentum in der Evolution seine Wurzeln auf der alten Sonne hat. Da ist das Wesen des Christentums in Erscheinung getreten in der Verbindung des geschaffenen Logos mit dem ungeschaffenen Logos, des Christus als *Theos héteros* mit dem göttlich-schöpferischen, dem *unaussprechlichen Wort*, dem ungeschaffenen Logos der Trinität – dem Sohn. Die sinnliche und die übersinnliche Welt haben sich durchdrungen im Durchgang der übersinnlichen Welt durch die sinnliche Welt. Und dieser Weg wird es dann sein, auf dem sich Wesen entwickeln mit «entsprechenden Fähigkeiten». Wir haben schon die Frage gestellt, welche Fähigkeiten das sein könnten. Auch da wird es jetzt deutlich: Es sind die Fähigkeiten, die Christus auf der alten Sonne erringt in der Vereinigung der beiden Welten, der sinnlichen Welt als *Theos héteros* und der übersinnlichen Welt durch die Aufnahme des *unausgesprochenen Weltenwortes*. So wird Christus für alle Menschen, die auf der Erde diesen Weg suchen und «entsprechende Fähigkeiten» ausbilden wollen, zum Vorbild, zum Helfer, zum Erlöser. In diesem Sinne und in dieser Richtung kann man die biografische Schilderung Rudolf Steiners über sein Erlebnis um das 35. Lebensjahr als eine tief christliche Erfahrung, ja «Einweihung» bezeichnen: «Das Erfahren von dem, was in der geistigen Welt erlebt werden kann, war mir immer eine Selbstverständlichkeit; das wahrnehmende Erfassen der Sinneswelt bot mir die größten Schwierigkeiten ... Das änderte sich völlig vom Beginne des sechsunddreißigsten Lebensjahres angefangen ... Eine vorher nicht vorhandene Aufmerksamkeit für das Sinnlich-Wahrnehmbare erwachte in mir. Einzelheiten wurden mir wichtig; *ich hatte das Gefühl, die Sinneswelt habe etwas zu enthüllen, was nur sie enthüllen kann.*»[80]

Der letzte Satz ist vielleicht der entscheidende: Mit Aszendenz- und Deszendenz-Christologie haben wir uns schon befasst und festgestellt, dass die Aszendenz-Christologie auf den Konzilien grundsätzlich zurückgewiesen wurde, wie alles auf Arius zurückgehende: Die Erde kann viel vom Himmel empfangen – aber nicht umgekehrt, die Erde hat dem Himmel nichts zu bieten. Da weist der Satz von Steiner in eine ganz neue Richtung: «Ich hatte das Gefühl, die Sinneswelt habe etwas zu enthüllen, was nur sie enthüllen kann.» Das zu erleben, weist wohl auf die «entsprechenden Fähigkeiten», die es auf der Erde zu entwickeln gilt. Auf diesem Weg der Entwicklung kann Christus dem Menschen Helfer und Führer sein, denn er ist selbst diesen Weg schon gegangen – für die Menschheit.

Zwei Schilderungen zum Thema «Christus und der Sohnesgott» seien hier noch angefügt. Sie stammen beide von Friedrich Rittelmeyer. Die erste ist der Bericht von einem Gespräch mit Rudolf Steiner, die zweite stammt aus dem Buch ‹Briefe über das Johannesevangelium›:

«Bedeutsam für manche Fragen, die heute auftauchen, war auch ein Gespräch, das wohl unter den im Rundbrief mitgeteilten Gesprächen vorkommt, aber hier etwas ausführlicher erzählt sei. Es handelte sich um den Unterschied zwischen Christus und dem Logos. Ganz deutlich bestätigte Dr. Steiner, dass Christus der Höchste der Sonnen-Hierarchie sei, dass aber von ihm zu unterscheiden sei die zweite Person der Gottheit, der Logos. Der stehe *über* ihm oder wie man auch sagen könne: *hinter* ihm. Hinter jeder der drei Hierarchien-Gruppen stehe eine Person der Gottheit. Christus habe, wenn er vom Vater gesprochen habe, immer mit außerordentlicher Ehrfurcht gesprochen. Da sei aber nicht Jahve gemeint gewesen, wenn es auch die Juden vielleicht so verstanden hätten. Mit Jahve würde Christus sich identifiziert haben.»[81]

«Heute ist es vielen noch eine Schwierigkeit, sich vorzustellen, dass in Christus das Selbstbewusstsein gleichsam in drei Kreisen lebte, die denselben Mittelpunkt haben, von denen aber immer der eine den andern überragt und umspannt. Das innerste Bewusstsein ist das Bewusstsein der Erdenpersönlichkeit Jesus Christus. Was damit gemeint ist, sehen wir vielleicht am deutlichsten in der Erzählung vom Kampf in Gethsemane. Will man die beiden andern Bewusstseine unterscheiden lernen, so muss man sich der anthroposophischen Erkenntnis bedienen, dass es über der Menschheit neun Reiche höherer Wesen gibt, die immer höher hinansteigen. Weit über den Engeln und Erzengeln ist Christus, der Geistesfürst der Reiche, die in unsrem Sonnensystem herrschen. Er ist es, der auf unsre Erde herabgekommen ist, und mit ihm alles Große, was in unseren Welten möglich war. Aber wieder über ihm waltet der Logos, der Sohnesgott, der mit dem Vatergott und dem Geistgott die Urgöttlichkeit bildet, ebenso, wie im Menschen Denken, Fühlen und Wollen vereinigt sind. Dieser Logos, der Sohnesgott, scheint durch Christus herein, lebt in ihm mit und findet seine volle Offenbarung für unsre Welt in Christus. Christus ist gleichsam die Stelle, durch die der Sohnesgott in voller Herrlichkeit hereinleuchten kann in die Menschenwelt.»[82]

Abschließend sei eine Zusammenfassung der verschiedenen Aspekte zur *Wesensbildung* des Christus auf der alten Sonne und die daraus hervorgehende Zukunft der Menschheit gegeben:

Auf der alten Sonne hat sich der Christus als hierarchisches Wesen («geschaffener Logos») von hohem Rang zur Hülle gebildet für das «unausgesprochene Weltenwort» und nahm so eine ganz neue Wesensgestalt an. Er war nun das *Vereinigungswesen* der großen, durch das unaussprechliche Wort hineintönenden Weltgeheimnisse geworden. Das «unausgesprochene (unaussprechliche) Weltenwort» können wir als die zweite Person der göttlichen Trinität sehen, den «ungeschaffenen» Logos, den «Sohn». Jetzt bildet er mit dem «geschaffenen Logos», dem Christus, ein «Vereinigungswesen». Der Christus ist in Wahrheit die Hülle dieses «unausgesprochenen Weltenwortes» der Trinität, das als «Vereinigungswesen» in ihm und durch ihn mit der Sinneswelt sich verbinden konnte.

Dann kommt der nächste Schritt. Christus selbst, mit der Sinneswelt schon als hierarchisches Wesen – und dann noch tiefer als Vereinigungswesen mit dem unausgesprochenen Weltenwort – tief verbunden, will eine noch tieferer Verbindung schaffen, denn es heißt ja: Die übersinnliche Welt braucht den Durchgang durch die sinnliche Welt, damit sich dort Wesen entwickeln können mit entsprechenden Fähigkeiten. «Durchgang» ist mehr als eine intensive Berührung oder Begegnung. «Durchgang» heißt «Eintauchen» und wieder – verändert – «Auftauchen» mit den Ergebnissen dieser Erfahrung: *die Sinneswelt habe etwas zu enthüllen, was nur sie enthüllen kann.* Für das «ungeschaffene» Weltenwort hat sich Christus als «geschaffener Logos» zur Hülle gemacht, um es ganz aufzunehmen als «Vereinigungswesen». Jetzt sucht Christus – geschaffenes und ungeschaffenes Wort zugleich – selbst die Hülle, um in die Sinneswelt als Mensch einzutauchen durch Geburt: «Und das Wort ist Fleisch geworden und hat unter uns gewohnt.» (Joh 1_{14})

Aber jetzt, wo es um die Inkarnation auf die *Erde* geht, entsteht noch einmal eine neue Wirklichkeit. Rudolf Steiner hat in der Form eines «Credo» diese Wirklichkeit beschrieben. «Also ich bitte Sie durchaus, selbst wenn Sie manches schockieren sollte, das, was ich nun vorlesen werde, im Sinne dieser Voraussetzung als ein eventuelles anthroposophisches Credo hinzunehmen.»[83] Dann werden zwölf Sätze vorgelesen, wovon der vierte lautet: «Jesu Geburt auf Erden ist eine Wirkung des heiligen Geistes, der, um die Sündenkrankheit an dem Leiblichen der Menschheit geistig zu heilen, den Sohn der Maria zur Hülle des Christus bereitete.» Christus findet die Hülle für sein Eintauchen in die Erdenwelt in Jesus. Aber Jesus kann sich nicht selbst zur Hülle machen. Und ohne Jesus kann sich Christus nicht inkarnieren. Das ist nun die Situation, wo das Wirken des «heiligen Geistes» einbezogen wird, der nun Jesus «zur Hülle des Christus bereitete.»

Der erste Akt ist die Geburt Jesu, die nach menschlichen Maßstäben sich nicht ereignen kann, was Maria dem Verkündigungsengel gegenüber auch geltend macht. Der antwortet: «Der Heilige Geist wird über dich kommen.» (Lk 1_{35}) So geschieht die Geburt Jesu in die Sinneswelt. Diese «Geburt» setzt sich fort, als der 12-jährige Jesus bei seinem Bar-Mizwa-Fest sich völlig verwandelt und kaum noch von denen erkannt wird, die ihn «kannten». Da wird deutlich, dass diese Verwandlung mit seiner geistigen Verfassung zu tun hat: «Alle, die ihn hörten, waren erstaunt über sein Verständnis und über seine Antworten.» (Lk 2_{47})

Der zweite Akt in der «Bereitung» des Jesus zur «Hülle des Christus» ist die Jordantaufe. Da ist das Wirken des Heiligen Geistes «angekommen» und ganz offensichtlich. Jesus empfängt 30-jährig die Taufe und betet. «Und während er betete, öffnete sich der Himmel, und der Heilige Geist kam sichtbar in Gestalt einer Taube auf ihn herab, und eine Stimme aus dem Himmel sprach: Du bist mein geliebter Sohn, heute habe ich dich gezeugt.» (Lk 3$_{21-22}$) Das ist der Moment der Inkarnation des Christus in dem Jesus und zugleich die unmittelbare Einbeziehung des Heiligen Geistes: «Und der Heilige Geist kam sichtbar in Gestalt einer Taube auf ihn herab.» Jetzt geschieht das Eintauchen in die Sinneswelt und «der Durchgang durch die Sinneswelt» beginnt.

Der dritte und letzte Akt kommt dann im Übergang alles dessen, was Christus im Durchgang durch die Sinneswelt erringt, auf die Menschen, damit sie die «entsprechenden Fähigkeiten» ausbilden können. Das geschieht durch den Heiligen Geist an Pfingsten. Im genannten «Credo» wird diese Tatsache im 10. Satz ausgesprochen: «Durch ihn kann der heilende Geist wirken.»

16.
Der Heilige Geist

Was sich an Pfingsten ereignet hat, lässt sich in besonderer Weise an der Gestalt des Petrus ablesen. Christus hatte an seine Jünger die Frage gestellt: «Was sagen die Menschen, wer der Sohn des Menschen ist? Was sagt ihr, wer ich bin?» Da war Petrus der Einzige, der erkannte: «Du bist der Christus, der Sohn des lebendigen Gottes.» Als Erster hatte er erkannt, wer Jesus in Wirklichkeit war. So antwortet Jesus: «Selig bist du, Simon. Fleisch und Blut haben dir dieses nicht geoffenbart, sondern mein Vater in den Himmeln. Du bist Petrus, der Fels. Auf diesem sicheren Grund will ich meine Gemeinde bauen.» (Vgl. Mt 16_{13-18}) Das war eine überpersönliche Anerkennung des Petrus, der den Rabbi Jesus als den erwarteten Messias, den Christus, erkannt hatte. Aber hatte er ihn wirklich erkannt?

Jetzt sprach Christus zum ersten Mal von seinem eigenen Tod, der durch die Menschen herbeigeführt werden würde. Auch da antwortete Petrus, aber ablehnend. Und dieses Mal bewirkte seine Antwort das Gegenteil. Christus wies ihn zurück: «Geh hinter mich, Satan! Du bist mir ein Ärgernis, denn du sinnst nicht auf das, was Gottes, sondern auf das, was der Menschen ist.» (Mt 16_{23})

Petrus hatte ihn noch nicht wirklich erkannt. Den von Gott gesandten Messias konnte er sehen und anerkennen. Aber den Messias, der den Tod durch die Menschen erleiden sollte, konnte Petrus nicht verstehen. Erst wurde Petrus durch Christus «der Fels» für die künftige Gemeinde genannt. Kurze Zeit danach nannte er ihn «Satan». Petrus verstand von nun an Christus immer weniger, bis er gewissermaßen ganz unten angekommen war und Christus sogar verleugnete: «Da traten die Umstehenden herbei und sprachen zu Petrus: Wahrhaftig, auch du bist *einer* von ihnen, denn auch deine Sprache verrät dich. Da fing er an, sich zu verwünschen und zu schwören: Ich kenne den Menschen nicht! Und gleich darauf krähte der Hahn. Und Petrus gedachte des Wortes Jesu, der gesagt hatte: Ehe der Hahn kräht, wirst du mich dreimal verleugnen. Und er ging hinaus und weinte bitterlich.» (Mt 26_{73-75})

Und dann kommt Pfingsten: «Alle wurden mit dem Heiligen Geist erfüllt.» (Apg 2_4)

Da tritt Petrus auf, zusammen mit den Elf, und beginnt eine Rede zu halten, in der er schließlich sagt: «Jesus, den Nazoräer, den Gott vor euch beglaubigt hat durch machtvolle Taten, Wunder und Zeichen, die er durch ihn in eurer Mitte getan hat, wie ihr selbst wisst – ihn, der nach Gottes beschlossenem Willen und Vorauswissen hingegeben wurde, habt ihr durch die Hand von Gesetzlosen ans Kreuz geschlagen und umgebracht. Gott aber hat ihn von den Wehen des Todes befreit und auferweckt; denn es war unmöglich, dass er vom Tod festgehalten wurde.» (Apg 2_{22-24}) Jetzt an Pfingsten – erfüllt vom Heiligen Geist – erkennt Petrus, warum Christus sterben musste. Nur dadurch konnte Gott ihn auferwecken als einen, der den Tod kennt und überwunden hat. Das kann Petrus jetzt sogar den Menschen, die seiner Rede folgen, als zukunftsweisende Tat Christi nahebringen. Durch den Heiligen Geist hat Petrus den Christus erst wirklich verstanden.

Als die Jünger durch Christus berufen wurden, war dies eine Berufung zur Nachfolge. «Als er aber am See von Galiläa entlangging, sah er zwei Brüder: Simon, genannt Petrus, und Andreas, seinen Bruder, die ein Netz in den See warfen, denn sie waren Fischer. Und er spricht zu ihnen: Kommt, folget mir nach! Ich werde euch zu Menschenfischern machen. Sie aber verließen sogleich die Netze und folgten ihm nach. Und als er von dort weiterging, sah er zwei andere Brüder: Jakobus, den Sohn des Zebedäus, und Johannes, seinen Bruder, im Boot mit ihrem Vater Zebedäus, wie sie ihre Netze ausbesserten; und er rief sie ebenfalls. Sie aber verließen sogleich das Boot und ihren Vater und folgten ihm nach.» (Mt 4_{18-22}) Durch ihren Willen zur *Nachfolge* konnten die Jünger dann den Christus in der ganzen Fülle seines Wirkens erleben. Wenn er sie aufforderte, etwas Besonderes zu tun, folgten sie seinem Willen. Alle diese Erlebnisse trugen sie in ihrer Seele. In der Nachfolge erlebt man den Führer immer einige Schritte *vor* sich. Man will ihm folgen, auch ohne ihn zu *verstehen*. Die Kulmination des Nicht-Verstehens war für die Jünger der Kreuzestod des Christus. Alle flohen und ließen Christus allein.

Dann kamen die 40 Tage, in denen immer wieder «Begegnungen» mit ihm stattfanden, bei denen es nicht mehr um Nachfolge ging: «Als es nun Abend war an jenem Tag, dem ersten der Woche, und die Türen, wo die Jünger waren, aus Furcht vor den Juden verschlossen waren, kam Jesus und trat in die Mitte und spricht zu ihnen: Friede euch! Und als er dies gesagt hatte, zeigte er ihnen die Hände und die Seite. Da freuten sich die Jünger, als sie den Herrn sahen. Jesus sprach nun wieder zu ihnen: Friede euch! Wie der Vater mich ausgesandt hat, sende auch ich euch. Und als er dies gesagt hatte, hauchte er sie an und spricht zu ihnen: Empfangt den Heiligen Geist! Wenn ihr jemandem die Sünden vergebt, dem sind sie vergeben, wenn ihr sie jemandem behaltet, sind sie ihm behalten.» (Joh 20_{19-23})

Die entscheidende Frage für die Jünger war: Ist diese Begegnung sinnlich-real oder «eine geistige Erscheinung»? Da er durch die verschlossene Türe kam, war seine Wirklichkeit gewiss keine sinnliche. Das erlebten die Jünger aber anders, was zu dem Einwand des Thomas führte: «Thomas aber, einer von den Zwölfen, genannt Zwilling, war nicht bei ihnen, als

Jesus kam. Da sagten die anderen Jünger zu ihm: Wir haben den Herrn gesehen. Er aber sprach zu ihnen: Wenn ich nicht in seinen Händen das Mal der Nägel sehe und meine Finger in das Mal der Nägel lege und lege meine Hand in seine Seite, so werde ich *nicht* glauben.» (Joh 20_{24-25}) Nach acht Tagen wiederholte sich die Begegnung, diesmal unter Anwesenheit des Thomas. Christus forderte ihn auf, seine Hände in die Wundmale zu legen. Thomas tat das und «glaubte». Was glaubte er? Der Auferstandene war eine sinnliche Wirklichkeit, denn er hatte ja die Wunden sinnlich berührt. Aber der Auferstanden war auch eine übersinniche Wirklichkeit, denn er kam durch die ungeöffnete, verschlossene Türe. Das ist die Polarität des Sinnlichen und des Übersinnlichen, die hier als «überwunden» erschien. An diese Überwindung der Polarität als einer Wirklichkeit in Christus glaubte Thomas. Dieser Glaube war zugleich die geistige Erfahrung, angehaucht worden zu sein vom Heiligen Geist, wie das bei der ersten Begegnung deutlich war: «Wie der Vater mich ausgesandt hat, sende ich auch euch. Und als er dies gesagt hatte, hauchte er sie an und spricht zu ihnen: Empfangt den Heiligen Geist!» Durch den Heiligen Geist wandelt sich die Christus-Erfahrung der Nachfolge allmählich in eine Christus-Erkenntnis des eigenen Handelns: «Empfangt den Heiligen Geist! Wenn ihr jemandem die Sünden vergebt, dem sind sie vergeben, wenn ihr sie jemandem behaltet, sind sie ihm behalten.» Früher galt: Wenn er sie aufforderte, etwas Besonderes zu tun, folgten sie seinem Willen. Jetzt fordert er sie auf, etwas Besonderes – den Sündenerlass – zu tun, dabei aber ihrem eigenen Willen zu folgen. Das war nicht mehr die «Nachfolge» des Jüngers, sondern seine «Aussendung» in die Welt. Jetzt wird aus dem *Jünger* der *Apostel.*[84] Den *Jüngern* ging Christus voraus. Die *Apostel* wurden in die Welt gesandt und der Auferstandene stand «hinter ihnen», man könnte auch sagen: Er wirkte in ihnen. «Seinem» Willen zu folgen heißt so im höchsten Maße dem «eigenen» Willen zu folgen, wenn uns durch den «Christus in uns» bewusst wird, was wir «eigentlich» wollen.

Das haben wir im vorangehenden Kapitel bewegt und zusammengefasst als dritten Akt auf dem Weg «im Durchgang durch die Sinneswelt». Da hat Christus errungen, was dem Menschen, der sagen kann: «Christus in mir», ermöglicht, die «entsprechenden Fähigkeiten» in eigener Arbeit auszubilden: die Überwindung der Polarität von *sinnlich* und *übersinnlich*. Diese Überwindung liegt dem Wesen des Auferstehungsleibes zugrunde. «Christus in mir» – das hätte Jesus unmittelbar nach der Jordantaufe sagen können. Da begannen «die drei Jahre», die zum Mysterium von Golgatha, zur Auferstehung und zur Überwindung der Polarität von *sinnlich* und *übersinnlich* führten. Diese «Überwindung» erscheint so als eine der «entsprechenden Fähigkeiten», auf die gedeutet wird, wenn es heißt: «Erst wenn sich innerhalb des sinnlichen Reiches Wesen entwickelt haben werden mit entsprechenden Fähigkeiten, kann die übersinnliche wieder ihren Fortgang nehmen.»

Das konnten die Jünger erkennen, weil sie *vom Heiligen Geist angehaucht* und so zu *Aposteln* wurden, die den *Christus in sich* erlebten. Wie für Jesus nach der Jordantaufe, begannen die «drei Jahre» jetzt auch für sie als wahre «Christen». Es begann der Weg «nach Golgatha» in der individuellen Biografie. In einem Brief Rudolf Steiners findet sich ein Satz, der dieses Wirken des Heiligen Geistes in äußerster Verdichtung ausspricht: «Es ist zweifellos richtig, daß der ‹Christus in uns› nichts wesentlich anderes ist als das, was die theologische Dogmatik als ‹Heiligen Geist› bezeichnet.»[85] Das geschieht an Pfingsten: «Und als der Tag des Pfingstfestes erfüllt war, waren sie alle an *einem* Ort beisammen ... Und sie wurden alle mit Heiligem Geist erfüllt.» (Apg $2{,}1_{4}$)

Für die Jünger war das Wesentliche das Erleben des Christus in der Nachfolge. Das Erlebte auch zu verstehen, war damit noch nicht verbunden. Das begann nach Ostern in den 40 Tagen bis zur «Himmelfahrt» des Christus, in denen immer wieder Begegnungen mit dem Auferstandenen sich ereigneten und sie so etwas erlebten wie «Die Lehren des Auferstandenen». Dieser Prozess des allmählichen Verstehens kam an Pfingsten an sein Ziel: vom Erleben zum Erkennen, vom Jünger-Bewusstsein zum Apostel-Bewusstsein, von der Nachfolge Christi zur *Erfüllung mit dem Heiligen Geist*, zum *Christus in mir.* Vom Baum der Erkenntnis hat der Mensch schon gegessen. Aber diese Erkenntnis hat die Spaltung zwischen Sinneswelt und übersinnlicher Welt ja herbeigeführt, die nun überwunden werden soll. Welche neue Kraft einer «Erkenntnis vom Menschen» ist mit dem Pfingst-Ereignis verbunden?

Wenn zwischen zwei Menschen eine freundschaftliche Beziehung besteht und nach Jahren sagt der eine zum anderen: «Jetzt endlich habe ich dich durchschaut!», wird das der andere kaum als eine freundliche Bemerkung erleben. Warum nicht? Wenn wir von jemandem sagen, er habe eine gute «Menschenkenntnis», meinen wir dann nicht auch, er würde bei Begegnungen den anderen Menschen sehr schnell «durchschauen»? Trotzdem möchte eigentlich niemand durchschaut werden. Im Gegenteil, man bemüht sich, in menschlichen Begegnungen gewisse Eigenheiten, die man hat, möglichst zu verbergen, möglichst nicht durchschaut zu werden. Dennoch muss man sagen, dass reines Durchschauen nicht deshalb als möglicherweise unmoralisch abzulehnen ist, weil es eine vertrauensvolle Gemeinschaft belastet oder gar zerstört. Durchschauen ist eine Form des Erkennens, die wir im praktischen Leben durchaus benötigen. Aber es verbindet die Menschen nicht, sondern schafft Abstand.

Ganz anders wäre es, wenn ein Mensch zum Anderen sagt: Jetzt, nach so langer Zeit, beginne ich allmählich, dich etwas besser zu verstehen. Da zeigt sich die positive Seite einer Beziehung: Jeder ist froh, wenn ein anderer versucht, ihn besser zu verstehen. Er sehnt sich sogar danach. Aber niemand möchte durchschaut werden. Beide Gesten – durchschauen und verstehen – sind Erkenntnisprozesse und haben das Auffinden der Wahrheit und Wirklichkeit als Ziel. Was unterscheidet diese beiden Erkenntnisarten? Die eine ist gemeinschaftsbildend, die andere gemeinschaftsbelastend. Die eine Erkenntnisart geht auf Luzifer zurück, der den Menschen versprach, dass sie sein würden «wie Gott»: «Gott weiß, dass an dem Tag, da ihr [vom Baum der Erkenntnis] esst, eure Augen aufgetan werden und ihr sein werdet wie Gott.» (1 Mose 3_5) Die andere Erkenntnisart geht vom Heiligen Geist aus: «Aber der Tröster, der Heilige Geist, den mein Vater senden wird in meinem Namen, der wird euch alles lehren und euch an alles erinnern, was ich euch gesagt habe.» (Joh 14_{26}) Der Heilige Geist wird «lehrend» in uns ein Erkennen wachrufen, das uns den Christus besser *verstehen* lässt und dadurch in der Beziehung zu ihm «gemeinschaftsbildend» ist. Erkenntnis als solche ist eine ganz individuelle Wirklichkeit («... ihr werdet sein wie Gott ...»). Aber Christus zu erkennen durch das Wirken des Heiligen Geistes ist gemeinschaftsbildend. So entsteht auch an Pfingsten, nach der Rede des Petrus, die erste Gemeinde: «Die nun sein Wort annahmen, wurden getauft; und es wurden an jenem Tage ungefähr dreitausend Seelen aufgenommen.» (Apg 2_{41})

Durch das Wirken des Christus verwandelt sich die immer gemeinschaftsbelastende und teilweise -zerstörende Erkenntnis des Luzifer in die gemeinschaftsbildende Christus-Erkenntnis, die der Heilige Geist die Menschen «lehrt». So können wir auch von einer besonderen Beziehung zwischen Luzifer und dem Heiligen Geist ausgehen: «Dieser Heilige Geist ist kein anderer als der wiedererstandene und jetzt in reinerer, höherer Glorie erstandene luziferische Geist, der Geist der selbständigen, der weisheitsvollen Erkenntnis.

Diesen Geist hat Christus selber noch für die Menschen prophezeit, daß er erscheine nach ihm, und in seinem Sinne muß fortgewirkt werden.»[86]

Man kann auch sehen, wie sich mit Ur-Pfingsten ein großer Bogen schließt, der auf der alten Sonne seinen Anfang hat mit der Trennung der «Brüder» Christus und Luzifer. An Pfingsten schließt sich der Bogen mit dem Erscheinen des Heiligen Geistes und die Erlösung der luziferischen Wesenheiten durch die Christus-Erkenntnis des Menschen.

Abschließend soll noch hingewiesen werden auf das zweifache Wirken des Heiligen Geistes. Das Impuls-gebende Wirken, das sich auf das Wirken des Christus bezieht. Wir haben davon gesprochen, wie die Inkarnation des Christus durch den Heiligen Geist vorbereitet und ermöglicht wurde in den drei Akten der Geburt, der Wandlung im 12. Lebensjahr und der Jordantaufe. Aber dann gibt es noch das andere Wirken des Heiligen Geistes, nicht in der Vorbereitung des Wirkens Christi, sondern bei den Folgen dieses Wirkens und seiner Vermittlung an die Menschen. Im Pfingstereignis selbst zeigt sich im Besonderen dieses Wirken des Heiligen Geistes. Wir haben oben schon (Kap. 15) den vierten Satz des «Credo» bewegt: «Jesu Geburt auf Erden ist eine Wirkung des heiligen Geistes, der, um die Sündenkrankheit an dem Leiblichen der Menschheit geistig zu heilen, den Sohn der Maria zur Hülle des Christus bereitete.» Das entspricht der vorbereitenden, auf Christus hinführenden Wirksamkeit des Heiligen Geistes. Im zehnten Satz ist die Wirkensweise umgekehrt, sie geht vom Wirken des Christus aus: «Durch Ihn kann der heilende Geist wirken.» Da drückt sich der andere Aspekt der Wirksamkeit des Heiligen Geistes im Namen aus. Zum «Heiligen Geist» kommt hinzu der «Heilende Geist».

17.
Augustinus und die Relationen

Die «Erkenntnis-Not mit dem dreieinigen Gott» war der Ausgang dieser Arbeit. Wir haben dabei den Blick auf drei Stufen der Gotteserkenntnis gerichtet: Polytheismus, Monotheismus und eine dritte Stufe «über» Polytheismus und Monotheismus. Diese Stufen haben wir dann in einen gewissen analogen Zusammenhang mit den drei ersten biografischen Jahrsiebten gebracht. In der dritten Stufe sehen wir die Grundlage für eine Gotteserkenntnis im Sinne des Christentums. Die Entwicklung der Trinitätslehre im Spiegel der Ökumenischen Konzilien ab 325 zeigt aber deutlich, dass diese Stufe noch nicht erreicht war und dass die ungelöste Polarität zwischen Polytheismus und Monotheismus keine befriedigende Antwort auf die Frage möglich macht, ob es *ein* Gott ist in drei Erscheinungsformen (das wurde «Modalismus» genannt) oder ob es *drei* Götter sind, die als Einheit wirken (das wurde «Tritheismus» genannt). Im ersten Fall wird mehr die Einheit, im zweiten Fall die Dreiheit betont. Beide Ansichten galten – und gelten heute noch – als abweichend vom wahren Verständnis der Trinität.

Heute ist die Zeit gekommen, die immer noch wirksame logische Unlösbarkeit zu überwinden, die mit dieser Frage nach der Gestalt der Trinität verbunden ist. Wir sagten schon (Kap. 11), die fünfte Kulturepoche mit ihrer Aufgabe der Bewusstseinsseelen-Entwicklung und damit der Möglichkeit, das Christentum erst wirklich zu verstehen, werde den Blick nach vorne in die Zukunft möglich machen. Welche Voraussetzungen dafür schon entstanden sind, haben wir dann am Beispiel von Hegel und seiner «dialektischen» Philosophie dargestellt. Zusammengefasst geht es Hegel um die Frage, wie sich philosophisch die Polarität von *These* und *Antithese* überwinden lässt zur *Synthese*. Statt «überwinden» könnten wir auch sagen: «steigern». So formulierte das Goethe einmal: «Das Wesen der Welt erschöpft sich in Polarität und Steigerung.»[87] Zum Urbild wird bei Hegel die stärkste Polarität von «Sein» und «Nichts». Da gilt ein radikales «Entweder-oder». Aber Hegel weist auf das Dritte, die *Synthese*, die über *Sein* und *Nichts* steht: das «Werden». Im *Werden* ist sowohl das *Sein* als auch das *Nicht-Sein* enthalten. Zu den Gegebenheiten von These und Antithese erscheint in der Synthese ganz neu ein *Prozess*, der *Entwicklung* bedeutet. Dieser Gedanke der *Synthese* als Entwicklung, durch die etwas ganz Neues entsteht, kann zum Ausgangspunkt für ein zeitgemäßes Verständnis des «christlichen Gottes» werden, wie er sich als Trinität offenbart.

Wie ein Pendant zu Hegel in unserer Zeit wirkte im frühen Christentum, zwischen dem zweiten und dritten Konzil, der Kirchenvater Augustinus (354–430), von dem wichtige, bis in die heutige Zeit ausstrahlende Impulse für die Entwicklung des kirchlichen Trinitäts-Dogmas ausgingen. Sein dogmatisches Hauptwerk sind die 15 Bücher ‹De Trinitate› («Über die Dreieinigkeit»). Augustinus legte ein großes Gewicht auf die *Einheit* Gottes, was ihn im Ringen um eine angemessene Beschreibung des *Unterschieds* zwischen den einzelnen trinitarischen Personen zu dem Begriff «Relation» führte (Beziehung). Er schreibt: «In Gott ist alles eins, ausgenommen, was von jeder Person in Beziehung (Relation) auf die andere ausgesagt wird.»[88] Augustinus charakterisiert und nennt diese Relationen:

- Der Vater zeugt den Sohn («aktive Zeugung») und haucht den Geist («aktive Hauchung»).
- Der Sohn ist vom Vater gezeugt («passive Zeugung») und haucht den Geist («aktive Hauchung»).

– Der Geist ist vom Vater *und vom Sohn* gehaucht («passive Hauchung»).

Damit wurde durch Augustinus zur damaligen Zeit ein Ansatz in Bezug auf ein weiterführendes Verständnis der Trinität gemacht. Der Begriff «Relation» ist in die Theologie eingegangen. In ihrem weiteren Verlauf spielte er allerdings nur noch eine untergeordnete Rolle, und das lässt die Frage entstehen, ob dieser Begriff vielleicht erst heute seine Bedeutung haben kann auf dem Weg zu einem neuen und unserer Zeit entsprechenden Verständnis des Christentums – und damit der Trinität.

Vor diesem Hintergrund kann uns auffallen, dass bei Hegel in seiner dialektischen Philosophie die «Relation» ungenannt eine entscheidende Rolle spielt. Die Benennung der Dreiheit *These – Antithese – Synthese* beschreibt keinen Inhalt, sondern ausschließlich die Relationen. «These – Antithese» kann vieles beinhalten (etwa *kalt – warm*; *Norden – Süden*; *gut – böse*; *Mann – Frau*; *Sein – Nichts* usw.). Das Entscheidende ist, dass «These – Antithese» eine *Polarität* im Sinne von «Entweder-oder» darstellten, also eine bestimmte Relation. Die nächste Stufe ist dann die *Steigerung* zur Synthese. Auch hier handelt es sich um eine Relation, jetzt aber im Sinne von «Sowohl-als-auch». Das kann wieder wie bei «These – Antithese» vieles konkret beinhalten, wichtig ist nur die Relation. So zeichnet sich ein Weg ab, den ersten Ansatz des Augustinus aufzugreifen, um dann mit Hilfe von Hegel die Annäherung an ein Gottesverständnis der Zukunft zu suchen. Diesem Weg soll im Weiteren gefolgt werden.

18.
Die Relationen und die Trinität

Von Hegels dialektischem Denken ausgehend können wir sagen: Jede Entwicklung gründet sich auf eine Dreiheit von Relationen, nämlich These – Antithese – Synthese. Diese Dreiheit wiederum gliedert sich in die Zweiheit von These und Antithese, in die «Verschiedenheit». Dann geht aus dieser Zweiheit ganz neu als drittes Element die Synthese oder «Gemeinsamkeit» hervor. Das ist als Prozess der Ausgang für eine eigene Entwicklung. Wenn bei einer gegebenen Dreiheit die Relationen sich verändern, entsteht eine neue Dreiheit mit den entsprechenden Entwicklungsmöglichkeiten. Drei in den Relationen verschiedene «Dreiheiten» können so als Bild der göttlichen Trinität von Vater-Sohn-Geist entstehen:

- Das Zukunftswirken des Vaters gründet sich darauf, dass Sohn und Geist eine Zweiheit bilden.
- Das Zukunftswirken des Sohnes gründet sich darauf, dass Vater und Geist eine Zweiheit bilden.
- Das Zukunftswirken des Geistes gründet sich darauf, dass Vater und Sohn eine Zweiheit bilden.

Dieser dreifachen Wirksamkeit der trinitarischen Gottheit wollen wir versuchen, zu folgen.

19.
Der Vatergott

Das Wesen und die Grundlage der Schöpfung hat Rudolf Steiner in den eindrucksvollen Sätzen zusammengefasst, wie sie schon bewegt wurden (Kap. 12 und 13):

«Die übersinnliche Welt brauchte den Durchgang durch die sinnliche. Ihre Weiterentwickelung wäre ohne diesen Durchgang nicht möglich gewesen. Erst wenn sich innerhalb des sinnlichen Reiches Wesen entwickelt haben werden mit entsprechenden Fähigkeiten, kann die übersinnliche wieder ihren Fortgang nehmen. Und diese Wesenheiten sind die Menschen.»

Das Ziel der Schöpfung ist also: Durchgang der übersinnlichen Welt durch die Sinneswelt, weil die Sinneswelt etwas zu geben hat, was nur ihr möglich ist. Mit diesem «Durchgang» durch die Sinneswelt sind zwei polare Prozesse verbunden: Das *Eintauchen* und das *Auftauchen*. Das Eintauchen der übersinnlichen Welt in die sinnliche Welt kann verglichen werden mit einer Inkarnation. Beim Auftauchen ist das anders. Denn was aus der sinnlichen Welt in Zukunft auftauchen soll, ist nicht mehr die ursprüngliche übersinnliche Welt, sondern eine neue, sinnlich-übersinnliche Welt. Sogar «Wesen mit entsprechenden Fähigkeiten» werden sich als sinnlich-übersinnliche Wesen entwickelt haben und dieser neuen Welt angehören. Christus, als ein höchstes Wesen der übersinnlichen Welt, ist diesen Weg des Durchgangs durch die Sinneswelt vorangegangen – als Wegbereiter für die Menschen.

In zwei vorangehenden Kapiteln (15 und 16) haben wir schon den Blick auf dieses *Eintauchen* in die sinnliche Welt und damit verbunden auf das ganz andere *Auftauchen* aus der sinnlichen Welt gerichtet – als Weg des Christus von der Jordantaufe bis zur Auferstehung. Bei der Jordantaufe begegnen sich die übersinnlich-göttliche und die sinnlich-menschliche Natur des *Christus-Jesus* als Anfang des Weges. In der Auferstehung durchdringen sich die übersinnlich-göttliche und die sinnlich-menschliche Natur des *Christus-Jesus* als Abschluss des Durchgangs durch die Sinneswelt. Da geschieht die Überwindung der Polarität von *sinnlich* und *übersinnlich*. Der Charakter des Auferstehungsleibes liegt in dieser Überwindung.

Der Weg des Christus im «Durchgang durch die Sinneswelt» ist grundlegend mit dem Wirken des Heiligen Geistes verbunden, wie wir das schon bewegt haben. Das beginnt mit seiner Inkarnation bei der Jordantaufe, wo es heißt: «Da senkte sich der heilige Geist auf ihn herab in Gestalt einer Taube, und eine Stimme ertönte vom Himmel: Du bist mein geliebter Sohn, heute habe ich dich gezeugt.» (Lk 3_{22}) Und dann heißt es im schon zitierten «Credo»: «Jesu Geburt auf Erden ist eine Wirkung des heiligen Geistes, der, um die Sündenkrankheit an dem Leiblichen der Menschheit geistig zu heilen, den Sohn der Maria zur Hülle des Christus bereitete.» Der heilige Geist hat also den Jesus in den 30 Jahren bis zur Jordantaufe «zur Hülle des Christus bereitet», um dann in den folgenden drei Jahren bis zum Mysterium von Golgatha in unmittelbarer Verbindung mit dem «geliebten Sohn» zu bleiben. Im «Credo» wird von «Christus Jesus» im 7. Satz gesagt: «Dann überwand er den Tod nach dreien Tagen.» Das heißt, die Getrenntheit von sinnlicher und übersinnlicher Welt war überwunden. Zum ersten Mal war auf der Erde erschienen, was als «entsprechende Fähigkeiten» von den Menschen im Sinne des großen Schöpfungsplans und dem, was die übersinnliche Welt «braucht», entwickelt werden soll.

Von nun an geht es darum, wie diese vom «Sohn» in der Auferstehung errungenen «Fähigkeiten» auf den Menschen übergehen (siehe Kap. 16). Dieser Prozess gründet sich darauf, dass das Wirken des Christus nicht nur erlebt, sondern von den Menschen auch «verstanden» wird. Die Möglichkeit, das Christuswirken zu verstehen, ist mit dem heiligen Geist und dem Pfingstereignis verbunden. Von da an können die Jünger, vom heiligen Geist erfüllt, den Christus *verstehen* und so seine Apostel werden, die in der Welt als «Christen» wirken. Sie sind auf dem Weg, «entsprechende Fähigkeiten» auszubilden und die Trennung von sinnlicher und übersinnlicher Welt zu überwinden.

In diesen Relationen erscheint das Zukunftswirken des Vaters, bei dem Sohn und Geist die Zweiheit bilden. Des Schöpfers Urgeste der Zukunftsentwickelung ist: *Die übersinnliche Welt braucht den Durchgang durch die sinnliche.* Der Sohn verbindet sich «schaffend» mit dieser Geste. Aber es würde dieses Schaffen zu keiner Wirklichkeit führen, wenn nicht das polare Wirken des heiligen Geistes dazukäme. Das schöpferische Wirken aus der übersinnlichen Welt in die sinnliche ist nur dann eine Wirklichkeit, wenn ihm Entsprechendes aus der sinnlichen Welt im Bereiten der «Hülle des Christus» entgegenkommt. Und schließlich ist sogar die Überwindung des Todes und die damit verbundene Überwindung der kosmischen Spaltung in eine sinnliche und übersinnliche Welt erst dann eine volle Wirklichkeit, wenn der Mensch als «Wesen mit entsprechenden Fähigkeiten» zum Mit-Träger dieser Überwindung wird.

Im ersten Fall geht das Wirken des Geistes dem Schaffen des Sohnes voraus und ermöglicht es. Im übergeordneten Sinn ist das die Botschaft des Engels an Maria in der Weihnachtsgeschichte: «Der heilige Geist wird über dich kommen, und die Kraft des Höchsten wird dich überschatten; darum wird auch das Heilige, das geboren wird, Gottes Sohn genannt werden.» (Lk 1_{35}) Der Geist ist die Ursache für die Geburt des «Sohnes» in der Sinneswelt. Im zweiten Fall geht es um die Folgen, die das Schaffen des Sohnes hat. Nur wenn die Menschen die Wirklichkeit dieses Schaffens verstehen, hat es eine Bedeutung für die weitere Entwicklung. Da beginnt, ausgehend vom Pfingstereignis, das Wirken des Geistes. Jetzt geht das Schaffen des Sohnes dem Wirken des Geistes voraus.

Das Wirken der Trinität in dieser Konstellation der Relationen, in der Christus und der heilige Geist die Zweiheit bilden als *These – Antithese*, führt zum Vater als *Synthese*, als dem alles umfassenden *Weltengrund*, dem Grund für den Durchgang der übersinnlichen Welt durch die sinnliche: «Ich hatte das Gefühl, die Sinneswelt habe etwas zu enthüllen, was nur sie enthüllen kann.»[89]

20.
Der Sohnesgott

Nun kommen wir durch die entsprechende Änderung der Relationen zur Dreiheit des Sohnes. Für diese gilt (s. o.): *Das Zukunftswirken des Sohnes gründet sich darauf, dass Vater und Geist eine (in ihrem Wirken polare) Zweiheit bilden.* Sehr deutlich erscheint diese neue Art des Wirkens in einem Mantram, das Rudolf Steiner innerhalb von Vorträgen für Ärzte und Priester gegeben hat:

> Ich werde gehen den Weg,
> Der die Elemente in Geschehen löst
> Und mich führt nach unten zum Vater
> Der die Krankheit schickt zum Ausgleich des Karma
> Und mich führt nach oben zum Geiste
> Der die Seele in Irrtum zum Erwerb der Freiheit leitet
> Christus führt nach unten und nach oben
> Harmonisch Geistesmensch in Erdenmenschen zeugend.[90]

Es sind zunächst erstaunliche Aussagen, die hier gemacht werden. Der Vater schickt die Krankheit, der Geist führt in den Irrtum. Aber dann wird auch gesagt, was dadurch bewirkt werden soll: Das Wirken des Vaters soll zum Ausgleich des Kama führen; das Wirken des Geistes zum Erwerb der Freiheit. Die Polarität dieser beiden Wirkensweisen wird dadurch vollends deutlich, dass der Weg zum Vater *nach unten*, der zum Geist aber *nach oben* führt. So erscheint Christus dann als die *Synthese* dieser Polarität. Sein Weg führt sowohl nach unten als auch nach oben. Die Urpolarität von geistig-irdisch, übersinnlich-sinnlich wird überwunden durch Christi Wirken, harmonisch Geistesmensch in Erdenmenschen *zeugend*. Der wahre Zukunftsmensch ist «Geistesmensch im Erdenmenschen». Diesen Zukunftsmenschen *zeugt* Christus – oder, wie man auch umgekehrt sagen könnte: Die «Zukunftsmenschen» stammen von Christus ab als dem «neuen Adam».

Dieses Thema – Christus als der neue Adam – wird im Neuen Testament an verschiedenen Stellen durch Paulus in seinen Briefen behandelt. Wir zitieren aus seinem ersten Brief an die Korinther: «Der erste Mensch, Adam, wurde verkörpert in eine lebentragende Seelenhülle; der letzte Adam in eine lebenerzeugende Geistgestalt ... Der erste Adam hat seine Gestalt aus der Erde als eine irdische, der zweite Adam hat sie aus den Himmeln als eine himmlische ... Und so wie wir das Gestaltbild des irdisch gestalteten an uns tragen, so sollen wir auch das Gestaltbild des übersinnlich-himmlisch gestalteten an uns tragen.» (1 Kor 15_{45-49}) Der *Erdenmensch* erscheint hier als «lebentragende Seelenhülle» oder «Gestalt aus der Erde». Der *Geistesmensch* entspricht der Formulierung «lebenerzeugende Geistgestalt» oder «(Gestalt) aus den Himmeln». Als Zukunft des Menschen im Sinne des «zweiten Adam» erscheint nun das Bild: Durch den zweiten Adam soll zum «Gestaltbild des irdisch gestalteten», das wir an uns tragen (Erdenmensch), hinzugefügt werden das «Gestaltbild des übersinnlich-himmlisch gestalteten» (Geistesmensch), denn Christus, der zweite Adam, «führt nach unten und nach oben, / Harmonisch Geistesmensch in Erdenmenschen zeugend.»

Damit sind wir im Zentrum der Menschwerdung angekommen und werden im nächsten Schritt sehen, dass der «Zukunftsmensch» nicht ein Wesen für sich ist, sondern in intensivster Beziehung zur Erde und zur Sinneswelt steht. In dieser Beziehung entsteht eine Aufgabe, die Rudolf Steiner «Kardinalfrage» nennt: «Sehen Sie, ich möchte in diesen einleitenden Worten geradezu auf die Kardinalfrage losgehen; ich möchte Sie veranlassen, darüber nachzudenken: Wie kann man denn in einer Welt, die sich nach denjenigen Gesetzen vollzieht, die der Naturwissenschaftler heute annehmen muß, wie kann man in einer solchen Welt davon sprechen, daß sich irgendwie ethische Impulse realisieren? Wo sollten denn ethische Impulse eingreifen, wenn wir eine universelle Naturkausalität haben?»[91] Es kann ja nicht bezweifelt werden: Wenn eine universelle Naturkausalität gilt, sind alle sinnlich wahrnehmbaren Ereignisse durch andere sinnliche Ereignisse verursacht und werden entsprechende Wirkungen – in der sinnlichen Welt – haben. Es gibt keine rationale Möglichkeit, ein Ereignis der Sinneswelt im Sinne einer Ethik moralisch einzustufen. Nach welchen Kriterien sollte man schließlich ein sinnliches Ereignis als «gut» oder «böse» bewerten?

Bisher sahen wir das eigentliche Entwicklungsziel für die Schöpfung in der Überwindung der Polarität von *sinnlich* und *übersinnlich*, wenn die Menschen einmal «entsprechende Fähigkeiten» ausgebildet haben werden. Und wir sagten auch, dass im Charakter des Auferstehungsleibes zum ersten Mal diese Überwindung wirksam geworden ist. Jetzt aber konkretisiert sich dieses Bild in der Frage: Wie ist es möglich, dass sich in der kausal bestimmten Sinneswelt ethische Impulse realisieren? Das Ethische erscheint damit in Bezug auf die sinnliche Welt als die entscheidende Form des Übersinnlichen, die zum Kern der «Kardinalfrage» führt: Gibt es in der Sinneswelt das Gute? Im Bereich von Mineralien, Pflanzen und Tieren werden wir das Gute nicht finden. Auch gefährliche Giftschlangen sind nicht «böse», sondern verhalten sich auf natürliche Weise eben «artgemäß». Ähnliches ließe sich für «gute» Tiere sagen. Die Frage kann sich also nur auf den Menschen beziehen. Kann durch ihn in der Sinneswelt «das Gute» wirksam werden? Das wäre dann der Kernpunkt für die Ausbildung «entsprechender Fähigkeiten» im

Sinne der Kardinalfrage. So wollen wir der Frage folgen: Was ist «gut»?

Gehen wir zunächst von einigen Eigenschaftspaaren aus, die den Gegensatz von «gut» und «böse» repräsentieren:

geizig	freigiebig
tollkühn	vorsichtig
schlampig	ordnungsliebend
dogmatisch	tolerant

Auf der rechten Seite wäre also das «Gute» repräsentiert, auf der linken als dessen Gegensatz das «Böse». Bei genauerer Betrachtung sieht man aber, dass hier «gut» und «böse» nicht in einem definitiven Gegensatzverhältnis zueinander stehen, denn der wirkliche Gegensatz von *geizig* ist eben nicht *freigiebig*, sondern *verschwendungssüchtig*. In ähnlicher Weise ist nicht *vorsichtig* der Gegensatz von *tollkühn*, sondern *feige* usw. Wir sehen so, dass der wirkliche Gegensatz des «Bösen» in Wahrheit gar nicht das «Gute» ist, sondern wieder ein «Böses» – jetzt in der Form des entgegengesetzten «Bösen»:

geizig	verschwendungssüchtig
tollkühn	feige
schlampig	pedantisch
dogmatisch	indifferent

Wir können jetzt den Versuch machen, einen «bösen» Charakter nach den gegebenen Eigenschaften auszugestalten. Im Sinne der ersten Kolumne wäre das ein Mensch, der geizig, tollkühn, schlampig und dogmatisch ist. Man sieht sofort, dass ein solcher Charakter keine Realität hat, denn ein geiziger Mensch etwa wird im gewöhnlichen Leben sicher nicht tollkühn sein. Diese Eigenschaften fügen sich nicht zusammen. Ähnliches gilt für einen Charakter aus den Eigenschaften der zweiten Kolumne: Ein verschwendungssüchtiger Mensch wird im normalen Leben kaum pedantisch sein. Wir kommen erst dann zurecht, wenn wir die Eigenschaften sachgemäß in beiden Kolumnen ordnen und finden dann zwei polare Typen eines «bösen» Charakters:

Typ 1	*Typ 2*
geizig	verschwendungssüchtig
feige	tollkühn
pedantisch	schlampig
dogmatisch	indifferent

Die Charakterzüge der beiden Typen sind deutlich erkennbar. Typ 1 ist der menschlich unzugängliche, einsame und zur Erstarrung neigende Charakter. Er hat eine Veranlagung zum Dogmatismus, eine pedantische Genauigkeit in den äußeren Tagesabläufen und einen lückenlosen Durchblick, etwa im Finanziellen. Er hat Distanz zur Welt und krallt sich doch an ihr fest. Vorausberechnend versucht er, nichts dem Zufall zu überlassen und die Macht über die Verhältnisse nicht zu verlieren. Typ 2 ist in allem das Gegenteil, auf den ersten Blick noch nicht einmal unsympathisch und noch weniger «böse» erscheinend: Er hat viele «Freunde», gibt in größter Unbefangenheit aus, was ihm woher auch immer zufließt, riskiert sein Glück, ist immer in Bewegung – äußerlich, aber auch seelisch, permanent hat er neue Einfälle, die er sofort in die Tat umsetzen möchte. In seiner Selbstbezogenheit findet er nur schwer zu einer inneren Konsequenz in seinen Handlungen. Immer wieder «fiebert» er, auch körperlich ...

Typ 1 und 2 sind nicht zum Ausgleich zu bringen, sondern völlig gegensätzliche Charaktere. Beide aber sind in ihrer Veranlagung wie festgelegt und man kann voraussagen, wie sie sich jeweils in bestimmten Situationen verhalten werden. Wie ist es nun mit der Mitte, dem eigentlich «Guten»? Man kann sehen: Die Eigenschaften *freigiebig, vorsichtig, ordnungsliebend, tolerant* stehen nicht wirklich in der Mitte zwischen den zugehörigen Extremen. *Freigiebig* steht näher an *verschwendungssüchtig* als an *geizig. Vorsicht* ist entsprechend eher mit *Feigheit* als mit *Tollkühnheit* in Zusammenhang zu bringen. So finden wir für die Mitte nicht nur eine, sondern zwei Eigenschaften, die eine jeweilige Verwandtschaft zu einem Extrem haben. Die vollständige Tabelle gestaltet sich dann folgendermaßen:

geizig	sparsam	freigiebig	verschwenderisch
feige	vorsichtig	mutig	tollkühn
pedantisch	ordnungsliebend	großzügig	schlampig
dogmatisch	überzeugungsfest	tolerant	indifferent

Es ist ersichtlich, dass die Ausschließlichkeit der Extreme (*entweder* geizig *oder* verschwenderisch etc.) in der Mitte zu einem *Sowohl-als-auch* wird. Wer nur sparsam ist, ohne zugleich auch freigiebig zu sein, wäre doch letztlich geizig. Wer mutig ist, ohne zugleich auch vorsichtig zu sein, ist eben tollkühn. So steht der Polarität des «Bösen» in sich selbst das immer offene und in jeder Situation neu zu bestimmende «Gute» im Sinne von *sowohl – als auch* (*sowohl* sparsam *als auch* freigiebig) gegenüber. Die Mitte ist nicht einfach gegeben, sie pulsiert, ist Rhythmus wie unser Atem und Herzschlag. Das Verhalten eines Menschen, der aus der Mitte heraus handelt, ist nicht festgelegt. Einmal ist er vielleicht «sparsam», dann aber – in einer scheinbar ähnlichen Situation – womöglich «freigiebig». Er wird in jeder Situation neu abwägen und keinem von vornherein festgelegten Verhaltensmuster folgen.

Das «Gute» ist der lebendige Strom, das «Böse» hat sich nach rechts und links aus dem Fließenden herausgesondert und eine bleibende Gestalt angenommen, die gegenüber dem Weiterströmenden «zurückgeblieben» ist. Die verhärtenden Kräfte, die in seelenlos berechenbare Verhältnisse und in Erstarrung führen, werden in der Anthroposophie die *ahrimanischen Kräfte* genannt. Die gegenteiligen Kräfte, die Auflösung und Chaos bringen und den Menschen in eine «tollkühn» gesteigerte Selbstwahrnehmung ziehen, sind die *luziferischen Kräfte.* In der Mitte zwischen den «Schächern» als den eigentlich Schuldigen (vgl. Lk 23_{41}), die rechts und links von ihm gekreuzigt werden (vgl. Joh 19_{18}), erscheint auf Golgatha in Christus das Urbild des Menschen, der in der äußeren Ohnmacht die innere Freiheit und Schöpferkraft erweckt. Der «autonome» Mensch (*autos* = selbst, *nomos* = Gesetz) wird nicht mehr durch gegebene Eigenschaften von außen bestimmt, sondern gibt sich *selbst* das Gesetz seines freien Handelns. Durch Christus erscheint das Gute auf der Erde als freie Tat des Menschen. Dieses Gute ist nicht mehr «Gegensatz des Bösen», sondern die Antwort auf die Kardinalfrage: es kann in der Sinneswelt, in den Naturgesetzen als Zukunftswirklichkeit der Erde wirksam werden.

So erscheint die übersinnlich-himmlische Welt in der sinnlich-irdischen Welt als das Gute, als Zukunftswirklichkeit der Erde. Von Rudolf Steiner wird diese beschrieben als der kommende *Jupiter-Zustand*, «der ein moralisch-physischer und ein physisch-moralischer Zustand sein wird ..., wo Naturgesetze Idealgesetze und Idealgesetze Naturgesetze sein werden.»[92] Und das Gute wird sich dann erweisen als «die Kraft, welche zum Jupiter hinüberträgt das Moralische der Erdenwelt.»[93]

21.
Der Geistgott

Die dritte Änderung der Relationen führt uns zur Dreiheit des Geistes. Für diese gilt: *Das Zukunftswirken des Geistes gründet sich darauf, dass Vater und Sohn eine Zweiheit bilden.* Ganz unabhängig von den Gesichtspunkten, die wir hier verfolgen, hat schon Augustinus sich zu dieser Dreiheit geäußert, indem er ohne Zusammenhang mit den von ihm schon genannten Relationen der Trinität (Kap. 17) eine weitere Relation zwischen Vater und Sohn nennt: die Liebe. Diese Liebe ist für ihn der heilige Geist. In seinem Werk ‹De Trinitate› finden sich die entsprechenden Aussagen und Hinweise, wie etwa: *Vater und Sohn sind der Urgrund des heiligen Geistes. – Der heilige Geist ist die Liebe zwischen Vater und Sohn.*[94]

Wenn wir nun Vater und Sohn als Zweiheit sehen, entspricht das der Zweiheit, ja sogar Polarität von «Welt» und «Mensch», wie sie im Bewusstsein der neuzeitlichen Menschheit aufgetaucht ist. Für das Bewusstsein des modernen Menschen gibt es dadurch zwei zumeist sehr verschiedene Wirklichkeiten, die kaum in Übereinstimmung zu bringen sind: die Realität der äußeren Welt und das innere Erleben des Menschen, die objektive und die subjektive Welt, die Welt der Sinneserfahrung und die Welt der Gedanken. Zugleich gibt es aber auch die selbstverständliche Gewissheit: Es kann ja nur *eine* Wirklichkeit geben. Welche von den beiden Wirklichkeitserfahrungen ist die eigentliche? Was überhaupt ist Wirklichkeit? Für Rudolf Steiner wurde das zur Hauptfrage in der Übergangszeit von Schule und Universität. Mit 21 Jahren schreibt er in einem Brief, was eine erste Antwort auf diese Frage andeutet:

«Erst, wenn man einsieht, daß es Begriff und Idee ist, was die Wahrnehmung bietet, ... begreift man, dass man den Weg der Erfahrung [Wahrnehmung] einschlagen muß.»[95] Einige Jahre später schreibt er sein Buch über Goethes Erkenntnistheorie und stellt dort in einer späteren Anmerkung kritisch in Frage, «daß die Wirklichkeit irgendwo außer dem Erkennen vorhanden sei, und in dem Erkennen eine menschliche, abbildliche Darstellung dieser Wirklichkeit sich ergeben soll, oder auch, sich nicht ergeben kann.» Denn für ihn gilt: «Daß diese Wirklichkeit durch das Erkennen nicht gefunden werden kann, weil sie als Wirklichkeit im Erkennen erst geschaffen wird, das wird kaum irgendwo empfunden.»[96] Da zeigt sich deutlich sein Weg zur höheren Einheit, zur «Synthese» von subjektiver und objektiver Wirklichkeit, von «Ich» und «Welt», für den er inzwischen den entscheidenden Ansatz schon bei Goethe gefunden hatte.

Dieses Thema spielte dann eine wichtige Rolle im 1904 erschienen Buch ‹Theosophie›. In diesem Buch geht es im Kern um das Wesen des Menschen und in Zusammenhang damit um seine Dreigliederung (Trichotomie) in Leib – Seele – Geist. Seit dem 9. Jahrhundert wird die trichotomische Anthropologie von der Kirche dogmatisch abgelehnt. Rudolf Steiner war der erste, der sie nach 1000 Jahren als die entscheidende Wirklichkeit des Menschen neu darstellte und begründete. Im maßgeblichen evangelischen Lexikon ‹Die Religion in Geschichte und Gegenwart› liest man zur Trichotomie: «Wo die Anthropologie auch nur im Hintergrunde trichotomisch war, wurde mit einer vorgegebenen Nähe des Menschen zu Gott gerechnet. Zur kirchlicher Geltung ist schließlich die anthropologische Dichotomie gelangt (Konzil zu Konstantinopel 869/870).»[97] Des Menschen «vorgegebene Nähe zu Gott» ist allerdings ein entscheidendes Motiv, weshalb Steiner seinem Buch auch begründet den Titel ‹Theosophie› (Weisheit von Gott) gab.

Es ist kein Zufall, dass die Frage nach der Wirklichkeit in diesem Buch thematisch verknüpft erscheint mit der Trichotomie des Menschen in Leib, Seele und Geist. Als auf dem Konzil von Konstantinopel 869/870 die Dichotomie dogmatisch festgelegt wurde, hieß das: Der Mensch besteht allein aus Leib und Seele. Der Geist wurde – so nennt es Steiner – «abgeschafft», und dem Menschen damit die Fähigkeit abgesprochen, selbst zu entscheiden, was «Wahrheit» bzw. «Wirklichkeit» ist; das war von nun an der Kirche vorbehalten. Der Ausgangspunkt der ‹Theosophie› ist dann die oben behandelte Zweiteilung im Wirklichkeitserleben des heutigen Menschen – und die Entdeckung, dass Goethe schon Schritte auf einem Weg gegangen ist, der zu ihrer Überwindung führen kann:

«Die folgenden Worte *Goethes* bezeichnen in schöner Art den Ausgangspunkt eines der Wege, auf denen das Wesen des Menschen erkannt werden kann: ‹Sobald der Mensch die Gegenstände um sich her gewahr wird, betrachtet er sie in bezug auf sich selbst; und mit Recht, denn es hängt sein ganzes Schicksal davon ab, ob sie ihm gefallen oder mißfallen, ob sie ihn anziehen oder abstoßen, ob sie ihm nützen oder schaden. Diese ganz natürliche Art, die Dinge anzusehen und zu beurteilen, scheint so leicht zu sein, als sie notwendig ist, und doch ist der Mensch dabei tausend Irrtümern ausgesetzt, die ihn oft beschämen und ihm das Leben verbittern.›»[98]

Hier ist der Blick auf die gespaltene Wirklichkeit gelenkt: Der Mensch sieht «die Gegenstände um sich her» und er betrachtet sie «in bezug auf sich selbst». Er erlebt dabei zwei ganz verschiedene Wirklichkeiten. Goethe deutet dann in die Richtung einer dritten Wirklichkeit. Da beendet Steiner das Zitat, um nun selbst den Weg zu entwickeln, der zur «dritten» Wirklichkeit führt und damit zur Trichotomie des Menschen. Zusammenfassend schreibt er am Ende des Kapitels: «So ist der Mensch Bürger *dreier Welten*. Durch seinen Leib gehört er der Welt an, die er auch mit seinem Leibe wahrnimmt; durch seine *Seele* baut er sich seine eigene Welt auf; durch seinen *Geist* offenbart sich ihm eine Welt, die über die beiden anderen erhaben ist.»[99]

Die Relationen dieser drei Welten sind zunächst die Polarität der ersten beiden Welten als *These* und *Antithese*, als äußere Welt und als eigene innere, vom Menschen selbst erbaute Welt. Die dritte Welt, die dann über die beiden anderen «erhaben» ist, erscheint als *Synthese*. In den beiden vorangehenden Kapiteln (19 und 20) bezog sich die *Synthese* jeweils auf die sinnliche und die übersinnliche Welt. Zuerst ging es um den Beitrag der sinnlichen Welt zur Entwicklung der übersinnlichen Welt in deren «Durchgang» durch die sinnliche Welt. Durch das polare Wirken des heiligen Geistes in der Zweiheit mit dem Sohn, kann – wie oben beschrieben – die Christus-Wesenheit als erste diesen Durchgang vollziehen: durch ihre Inkarnation in die sinnliche Welt und dann in der Auferstehung aus der sinnlichen Welt. Im *Beitrag der sinnlichen Welt zur Entwicklung der übersinnlichen Welt* können wir das *Zukunftswirken des Vaters* sehen, das sich auf die Zweiheit von Sohn und Geist gründet.

Danach ging es um das *Zukunftswirken des Sohnes*, das heißt um sein Wirken durch den Menschen. Im Bereich des Vaters ging es um den *Durchgang der übersinnlichen Welt durch die sinnliche Welt* als der höheren Einheit dieser beiden Welten. Für den Sohn gilt, wie oben dargestellt: *Mit Christus erscheint durch freie Tat des Menschen die übersinnlich-himmlische Welt in der sinnlich-irdischen Welt als «das Gute» – das ist die Zukunftswirklichkeit der Erde.*

Nun also geht es um das *Zukunftswirken des Geistes*. Das gründet sich darauf, dass Vater und Sohn eine Zweiheit bilden. Jetzt besteht nicht mehr die Frage nach dem Verhältnis von sinnlicher und übersinnlicher Welt, sondern wie sich der Mensch in eine *sinnlich-übersinnliche Wirklichkeit* selbst einfügt, in die Wirklichkeit der Zukunft, die schon begonnen hat, für das Bewusstsein greifbar zu werden, und auf die sich die Frage und das Suchen Rudolf Steiners bezog, das ihn dann zu Goethe führte. Goethe ist ja in seinen botanischen Studien an einen Punkt gekommen, wo ihn die Idee der *Urpflanze* ergriff: «Eine Forderung, die mir damals unter der sinnlichen Form einer übersinnlichen Urpflanze vorschwebte.»[100] Wenn Goethe von «der sinnlichen Form einer übersinnlichen Urpflanze» spricht, erlebt er die Wirklichkeit als eine sinnlich-übersinnliche. Was bedeutet das für ihn? Einige Jahre später hat er ein Gespräch mit Schiller, in dem er von der Urpflanze spricht. Schiller bestätigt diese «Idee», was Goethe aber zurückweist: «Das kann mir sehr lieb sein, wenn ich Ideen habe, ohne es zu wissen, und sie sogar mit Augen sehe.»[101] Die Einheit von «Ich» (Ideen haben) und «Welt» (mit Augen sehen) erscheint als deren «Synthese».

Für die «Dreiheit des Geistes» gilt, dass Vater und Sohn eine Zweiheit bilden, die auch als Zweiheit von «Welt» und «Ich» gesehen werden kann. Dann ist der Geist die Synthese, wie sie Rudolf Steiner beschrieben hat: «... durch seinen *Geist* offenbart sich ihm eine Welt, die über die beiden anderen erhaben ist.» Später hat er diese Synthese als Leitsatz der Anthroposophie beschrieben: «Anthroposophie ist ein Erkenntnisweg, der das *Geistige im Menschenwesen* zum *Geistigen im Weltenall* führen möchte.»[102] In einem Spruch hat er diese übergeordnete Einheit von Ich und Welt differenziert beschrieben:

Suche im eignen Wesen:
Und du findest die Welt;
Suche im Weltenwalten
Und du findest dich selbst;
Merke den Pendelschlag
Zwischen Selbst und Welt:
Und dir offenbaret sich
Menschen-Welten-Wesen;
Welten-Menschen-Wesen.[103]

Die Einheit des Menschen mit der Welt als *Synthese* ist Bewegung und Prozess: ein *Pendelschlag.* Auch die Einheit des Menschen mit sich selbst differenziert sich in *Menschen-Welten-Wesen* und *Welten-Menschen-Wesen.* Dahinter steht – für die «Dreiheit des Geistes» – die «Zweiheit von Sohn und Vater», die sich zusammenfügt als die Relation der Liebe zwischen Vater und Sohn, die Augustinus mit dem heiligen Geist gleichsetzt: «Der heilige Geist ist die Liebe zwischen Vater und Sohn». Wir ergänzen: *zwischen Welt und Ich.* Die *Wirklichkeitserkenntnis im Sinne des heiligen Geistes,* wie sie bei Goethe in Zusammenhang mit der Urpflanze erscheint – die Idee mit Augen sehen –, ist *Liebe zur Sinneswelt.*

22.
Zusammenfassung

Wir haben in der nachatlantischen Entwicklung der Menschheit drei Stufen eines Gotteserlebens unterschieden. Die ersten beiden Stufen bilden eine Polarität (Polytheismus-Monotheismus), die dritte Stufe ist die Synthese. Erst auf der dritten Stufe entsteht eine Möglichkeit des Gotteserlebens, das dem Christentum entspricht. In der Bewusstseinsentwicklung der Menschheit ist diese dritte Stufe eng geknüpft an Fähigkeiten der Bewusstseinsseele, wie sie in der noch jungen «fünften Kulturepoche» entwickelt werden sollen.[104] So kann es verständlich sein, dass für ein heutiges christliches Gottesverständnis nur schwer an die bisherige theologische Entwicklung angeschlossen werde kann. Erst die neue Bewusstseinslandschaft, die begonnen hat, sich allmählich den Menschen der Neuzeit zu erschließen, kann Ansatzpunkte bieten für ein beginnendes Verstehen des Christentums, durch das ein helleres Licht auf den «christlichen Gott» fallen kann, den dreifaltigen Gott, die göttliche Trinität.

Wir sind ausgegangen von einem «dialektischen» Bewusstsein, wie es in der Goethe-Zeit (18./19. Jahrhundert) in verschiedenen Formen zum Vorschein kam, bis in das soziale Leben hinein («Überwindung der Gegensätze»). Mit der dialektischen Philosophie Hegels und ihrer Dreiheit von These – Antithese – Synthese war ein geeigneter Ausgangspunkt gegeben für eine Annäherung an ein Trinitätsverständnis, das der dritten Stufe des Gotteserlebens entspricht. Weil die allerersten Keime für diesen Denkansatz Hegels schon im 5. Jahrhundert bei Augustinus zu finden sind – dort in

Zusammenhang mit dem Ringen um ein Trinitätsverständnis – haben wir den von Augustinus in diesem Zusammenhang verwendeten Begriff «Relation» (Beziehung) übernommen. Das hat uns dazu geführt, von Hegels Dreiheit (These – Antithese – Synthese) ausgehend, jede «Person»[105] der Trinität wiederum als eine spezifische «Dreiheit» (bzw. «Trinität») entsprechender Relationen und einer spezifischen Orientierung innerhalb der Evolution zu sehen:

Vater	Schöpfung. Beitrag der Sinneswelt zur Evolution. Steiner: «Ich hatte das Gefühl, die Sinneswelt habe etwas zu enthüllen, was nur sie enthüllen kann.»[106]
Sohn	Beitrag des Menschen zur Evolution durch das «Gute». Das ist «die Kraft, welche zum Jupiter hinüberträgt das Moralische der Erdenwelt.»[107]
Geist	Vereinigung von Mensch und Kosmos. «Die Liebe zur Sinneswelt.»

Jede dieser drei «Dreiheiten» ist Überwindung einer Polarität – kein Seins-Zustand, sondern ein Prozess, ein *Werden*. Auf diesem Weg der dreifachen Relationen ist die trinitarische Gottheit *das «Werden» der Welt.*

IV.
Die Trinität im erneuerten Kultus

23.
Credo

Die *Christengemeinschaft* wurde 1922 mit der Intention gegründet, eine «Bewegung für christliche Erneuerung»[108] zu sein, die auch einen *erneuerten Kultus* pflegt. Im Mittelpunkt des kultischen Lebens steht, der Messe entsprechend, die *Menschenweihehandlung*. Rudolf Steiner charakterisiert sie einmal als «das umgestaltete Alte, in der das Gültige vom Alten genommen ist, aber die Gestalt angenommen hat, die heute aus der geistigen Welt fließt.»[109]

Die Menschenweihehandlung hat zwei sehr verschiedene Teile, in denen der Gemeinde jeweils Entscheidendes als Durchdringung des Geistigen mit dem Sinnlichen zuströmt. Zuerst erscheint in der Evangelien-Verkündigung vordergründig das *Wort* als hörbare Wirklichkeit, als *das Geistige im Gewand des Sinnlichen.* Im kultischen Wortlaut wird diese Intention angesprochen: «*Dein Segen*, o Christus, ströme lebend durch das Wort ... *Dein Wort* möge entströmen meinen Lippen ...» Es ist *Christi Segen und Wort*, welche für die Gemeinde «hörbar» werden, unabhängig vom Grad des Bewusstseins für diese Wirklichkeit.

Im zweiten Teil der Menschenweihehandlung verwandelt sich die Art der Durchdringung des Geistigen mit dem Sinnlichen. Auch hier bezieht sich die Sinneserfahrung auf das Geistige, auf Christus, aber in anderer Weise als beim Hören. Der Kelch ist enthüllt, und man könnte jetzt sagen: Es erscheint hier *das Sinnliche im Gewand des Geistigen.* Im kultischen Wortlaut heißt es: *«Lasse sein das Brot ... Lasse sein den Wein ...»* Das ist die sinnliche Welt, die nun das Gewand des Geistigen empfängt: «Christi Leib ... Christi Blut ...».

Die Durchdringung des Geistig-Übersinnlichen mit dem Sinnlichen hat die zwei Gestalten: *«das Geistige im Gewand des Sinnlichen»* und *«das Sinnliche im Gewand des Geistigen»*, die wir in Zusammenhang mit den beiden Teilen der Menschenweihehandlung sehen können. Zwischen diesen beiden Teilen wird innerhalb des erneuerten Kultus das *Credo* mit seinen zwölf Sätzen gesprochen und mit einem jetzt klaren Blick auf die Trinität, was im kultischen Wortlaut des ersten Teils der Menschenweihehandlung noch nicht geschieht. In der nachfolgenden Tabelle finden sich in der rechte Spalte diese Credo-Sätze. In der linken Spalte steht zum Vergleich der (im 10. Kap. schon einmal abgedruckte) Wortlaut des *Nicäno-Konstantinopolitanum*, benannt nach den ersten beiden Konzilien und seit 451 «dogmatisch definiert»:

Nicäno-Konstantinopolitanum – 381	*Christengemeinschaft – 1921*
Ich glaube an einen Gott, allmächtigen Vater, Schöpfer Himmels und der Erde, alles Sichtbaren und Unsichtbaren.	1. Ein allmächtiges geistig-physisches Gotteswesen ist der Daseinsgrund der Himmel und der Erde, das väterlich seinen Geschöpfen vorangeht.
Und an den einen Herrn Jesus Christus, den eingeborenen Sohn Gottes, (der da ist) aus dem Vater vor aller Zeit geboren, Gott von Gott, Licht vom Lichte, wahrer Gott vom wahren Gott, geboren, nicht geschaffen, eines Wesens mit dem Vater, durch welchen alle Dinge gemacht sind,	2. Christus, durch den die Menschen die Wiederbelebung des ersterbenden Erdendaseins erlangen, ist zu diesem Gotteswesen wie der in Ewigkeit geborene Sohn.
der um uns Menschen und um unserer Seligkeit willen vom Himmel herabgestiegen und Fleisch geworden ist vom Heiligen Geiste	3. In Jesus trat der Christus als Mensch in die Erdenwelt.
aus Maria der Jungfrau und ist Mensch geworden,	4. Jesu Geburt auf Erden ist eine Wirkung des Heiligen Geistes, der, um die Sündenkrankheit an dem Leiblichen der Menschheit geistig zu heilen, den Sohn der Maria zur Hülle des Christus bereitete.

ıch gekreuzigt für uns unter Pontius Pilaıs, gestorben und begraben,	5.	Der Christus Jesus hat unter Pontius Pilatus den Kreuzestod erlitten und ist in das Grab der Erde versenkt worden.
	6.	Im Tode wurde er der Beistand der verstorbenen Seelen, die ihr göttliches Sein verloren hatten.
ıferstanden am dritten Tage nach der chrift,	7.	Dann überwand er den Tod nach dreien Tagen.
ıfgefahren gen Himmel, sitzet zur Rechten es Vaters	8.	Er ist seit dieser Zeit der Herr der Himmelskräfte auf Erden und lebt als der Vollführer der väterlichen Taten des Weltengrundes.
nd wird wiederkommen mit Herrlichkeit, u richten die Lebendigen und die Toten, so ass seines Reiches kein Ende sein wird.	9.	Er wird einst sich vereinen zum Weltenfortgang mit denen, die er durch ihr Verhalten dem Tode der Materie entreißen kann.
Jnd an den Heiligen Geist, der da ist Herr nd macht lebendig, der vom Vater *und vom ohne* ausgeht, der mit dem Vater und dem ohne zugleich angebetet und geehrt wird ınd durch die Propheten geredet hat.	10.	Durch Ihn kann der heilende Geist wirken.
ch glaube an eine heilige, allgemeine und postolische Kirche.	11.	Gemeinschaften, deren Glieder den Christus in sich fühlen, dürfen sich vereinigt fühlen in einer Kirche, der alle angehören, die die heilbringende Macht des Christus empfinden.
Auch bekennen wir eine heilige Taufe zur Vergebung der Sünden und warten auf die Auferstehung der Toten und ein Leben der ukünftigen Welt.	12.	Sie dürfen hoffen auf die Überwindung der Sündenkrankheit, auf das Fortbestehen des Menschenwesens und auf ein Erhalten ihres für die Ewigkeit bestimmten Lebens.

Es ist deutlich, wie sich in Bezug auf die Beschreibung der Trinität das frühchristliche Nicäno-Konstantinopolitanum vom Credo des erneuerten Kultus unterscheidet. Die «Personen» der Trinität werden da beschrieben in ihrem jeweiligen Sein, wie sie *sind*:

- Der *eine* Gott ist der *allmächtige Vater* und *Schöpfer der Welt.*
- Christus ist der *eine Sohn* dieses Vaters. Er ist kein Geschöpf des Vaters, sondern vor aller Zeit *gezeugt.* Zum Heil der Menschheit hat er sich, als der *Erlöser-Gott*, auf Erden als Mensch inkarniert.
- Der Heilige Geist ist, wie auch der Sohn, *Herr.* Er hat schon durch die Propheten gesprochen und die Inkarnation des Sohnes mit bewirkt.

Ganz anders erscheint die Trinität im Credo des erneuerten Kultus:

- Vom *Vater* wird nicht gesprochen, nicht einmal von *Gott*, sondern von einem *Gotteswesen* und dem *Daseinsgrund.* Auch vom *Schöpfer* wird nicht gesprochen, sondern von *Geschöpfen.* Allein in der *Beziehung* dieses *Gotteswesens* zu diesen *Geschöpfen* erscheint das Wort «väterlich». Es verhält sich diesen Geschöpfen gegenüber *wie* ein Vater und, indem sie ihm gegenüber Geschöpfe sind, *wie* der Schöpfer. Und ganz neu erscheint dann in diesem Zusammenhang auch noch der Entwicklungsgedanke (siehe Kap. 12), indem das Gotteswesen «väterlich seinen Geschöpfen *vorangeht*». Das Neue in dieser Beschreibung des «geistig-physischen Gotteswesens» als einer trinitarischen Person liegt in der *Beziehung* zu anderen Wesen, durch die allein dieses Gotteswesen charakterisiert wird. Dieses Wesen wird nicht «Vater» genannt, nicht «Schöpfer», und es wird auch nicht davon gesprochen, dass es sich entwickelt. Und doch sind alle diese Aussagen indirekt beschrieben durch die Beziehungen zu anderen Wesen, durch die «väterliche» Beziehung zu den «Geschöpfen», denen dieses Gotteswesen «vorangeht».
- Ähnliches gilt hier auch für den *Sohn.* Er wird nicht als «Sohn» bezeichnet, sondern ist in der Beziehung zu dem Gotteswesen, das geistig-physisch ist, «wie» der Sohn. Diese Sohnschaft ist auch keine durch ein Geburts-Ereignis herbeigeführte Tatsache, sondern ein Prozess. Die *These* (er ist

der Sohn) und die *Antithese* (er ist nicht der Sohn) werden als Gegensatz im Sinne von Hegel (siehe Kap. 11) in der *Synthese* aufgehoben im Prozess des Werdens des «in Ewigkeit geborenen» Sohnes. So wird von Christus nicht gesagt, er sei der Sohn, sondern *im Verhältnis* zu dem allmächtigen Gotteswesen ist Christus *wie* der Sohn und im Sinne des (Synthese-)Prozesses: «wie der in Ewigkeit geborene Sohn».
- Und schließlich wird auch der *Heilige Geist* durch die *Beziehung* zu Christus (4. und 10. Satz), aber auch zum *geistig*-physischen Gotteswesen (1. Satz) charakterisiert.

Wir haben also im *Credo* des erneuerten Kultus zum ersten Mal die Geste einer Beschreibung der Trinität durch *Relationen*, durch die *Beziehungen*, die zwischen den «Personen» der Trinität bestehen. Das kann zum Ausgangspunkt werden für ein Gottesverständnis der Zukunft.

24.
Menschenweihehandlung

Wir sprachen im vorangehenden Kapitel davon, dass die Menschenweihehandlung zwei sehr unterschiedene Teile hat, in denen das Übersinnliche im Gewand des Sinnlichen der Gemeinde zuströmt. Im ersten Teil («Evangelienlesung») ist dieses Sinnliche das Verkündigungs-Wort, das die Gemeinde *hört*. Christus wird hier angesprochen, aber die Trinität noch nicht. Das geschieht erst im zweiten Teil der Menschenweihehandlung, der mit der Enthüllung des Kelches beginnt und sich in drei Akte gliedert: «Opferung», «Wandlung» und «Kommunion». Zwischen dem ersten und zweiten Teil der Menschenweihehandlung steht das *Credo* (Kap. 23). Danach folgt die *Opferung*.

Opferung

Sie beginnt – ähnlich wie das *Credo* – unmittelbar mit der Zuwendung zur ersten Person der Trinität, zum «göttlichen Weltengrund». Mit diesem ganz neuen Namen für die Gottheit haben wir uns schon befasst (Kap. 13). Er weist auf den «Grund» von allem, auch der Trinität. Aber gegenüber dem *Credo* ist hier in der *Opferung* schon eine weitere Stufe erreicht. Im *Credo* geht der «Daseinsgrund» als Gotteswesen väterlich seinen Geschöpfen voran. Indem «seine Geschöpfe» ihm folgen, empfangen sie von ihm alles, was ihre Entwicklung ausmacht. In der *Opferung* ist es umgekehrt: Jetzt empfängt der «Weltengrund» etwas von seinen Geschöpfen, sogar wenn sie «unwürdig» sind. Das deutet auf die kosmische

Entwicklung, wie wir sie schon betrachtet haben (Kap. 12ff.): der Durchgang der übersinnlichen Welt durch die sinnliche. Wie Rudolf Steiner sein biografisches Erlebnis – «Ich hatte das Gefühl, die Sinneswelt habe etwas zu enthüllen, was nur *sie* enthüllen kann.» – schildert, kann deutlich machen, wie alles darauf ankommt, dass der übersinnlichen Welt auf ihrem Durchgang durch die Sinneswelt *Früchte der Sinneswelt* reifen. Damit ist zugleich die besondere Aufgabe des Menschen berührt: «Erst wenn sich innerhalb des sinnlichen Reiches Wesen entwickelt haben werden mit entsprechenden Fähigkeiten, kann die übersinnliche wieder ihren Fortgang nehmen. Und diese Wesenheiten sind die Menschen.» Es geht also um den Willen des Menschen, «entsprechende Fähigkeiten» zu entwickeln. Was auf diesem Weg reift, soll der übersinnlichen Welt zukommen, soll ihr *geopfert* werden. So bitten wir zu Beginn der *Opferung*, dass der *göttliche Weltengrund* das Opfer seiner «unwürdigen Geschöpfe» empfangen möge. Die Geschöpfe sind zwar *unwürdig*, ringen aber darum, «entsprechende Fähigkeiten» als Früchte der Sinneswelt auszubilden. Dieser *gute Wille* ist es, der dann als der eigentliche Opferwille sich dem «göttlichen Weltengrund» zuwendet: «Zu Dir wende sich mein Wollen.»

Aber diese Willens-Zuwendung ist erst der Anfang und bedarf einer zusätzlichen Kraft, die «aus einem *Fühlen*, das sich eint mit Christus» hervorgeht. Und dann bedürfen wir noch der weiteren Kraftquelle des lebendigen *Denkens*: «Es lebe mein Denken in des Heiligen Geistes Leben». Dieses Zusammenwirken von *Christus* und dem *Heiligen Geist* aus der Verschiedenheit – hier zunächst noch *Fühlen* und *Denken* – charakterisiert auch im weiteren Fortgang die *Opferung*. So «nahen» wir uns dem Christus, «auf dass Du uns mit Dir opferst», um dann unmittelbar in Zusammenhang damit den Heiligen Geist zu bitten: «Heilige unser Opfer mit Deinem heiligen Wesen.» Dieses «Heiligen» geschieht in Verbindung mit den bei der Räucherung gesprochenen Worten, für die dann zuletzt erbeten wird: «Guter Wille ergieße sich in sie.»

Diese wenigen Hinweise auf das kultische Geschehen in der *Opferung* können zeigen, welches Bild der Trinität sich daraus ergibt. Es entspricht dem, was in Kap. 19 (dem Vatergott gewidmet) bewegt und am Schluss zusammengefasst wurde: «Das Wirken der Trinität in dieser Konstellation der Relationen, in der Christus und der heilige Geist die Zweiheit bilden als *These-Antithese*, führt zum Vater als *Synthese*, als dem alles umfassenden *Weltengrund*, dem *Grund* für den *Durchgang der übersinnlichen Welt durch die sinnliche*, weil die sinnliche Welt etwas zu geben vermag, was nur sie geben kann.»

In Kap. 18 sind die drei in den Relationen verschiedene «Dreiheiten» als dreifaches Bild der göttlichen Trinität von Vater-Sohn-Geist zusammengefasst:

- Das Zukunftswirken des Vaters gründet sich darauf, dass Sohn und Geist eine Zweiheit bilden.
- Das Zukunftswirken des Sohnes gründet sich darauf, dass Vater und Geist eine Zweiheit bilden.
- Das Zukunftswirken des Geistes gründet sich darauf, dass Vater und Sohn eine Zweiheit bilden.

Aus unserer Betrachtung ergibt sich, dass im kultischen Organismus der Menschenweihehandlung die *Opferung* mit dem Zukunftswirken des *Vatergottes* verbunden ist.

Wandlung

Im Prozess der Menschenweihehandlung ist der Schritt von der *Opferung* zur *Wandlung* signifikant. Die *Opferung* beginnt mit der Bitte an den «göttlichen Weltengrund», von seinem «unwürdigen Geschöpf» ein Opfer zu empfangen.

Auch die *Wandlung* beginnt mit einem Opfer, aber nicht ein Einzelner bittet, sondern die Gemeinschaft betet: «Unser Gebet dringe zu Dir, o Weltengrund ... Dein Segen strahle über das reine Opfer ...» Und dann wird ganz deutlich von der Intention gesprochen: «... auf dass wir die Gemeinschaft des Christus seien.» Diese Intention, ganz in die Gemeinschaft des Christus einzutauchen, umfasst aber noch nicht die volle Wirklichkeit der Christus-Beziehung, denn diese ist nicht nur Ziel, sondern zugleich auch Ursache. Dass unser Gebet zum Weltengrund dringt, geschieht «durch Jesus Christus, Deinen Sohn, unsern Herrn.» Weil diese Christus-Beziehung schon da ist, können wir den Weg zum «Wir» finden, «auf dass wir die Gemeinschaft des Christus seien».

Was hat sich hier gegenüber dem Beginn der Opferung so grundsätzlich verändert? Zum ersten Mal wird der Name «Jesus» genannt – und zum ersten Mal das Wort «Sohn»: Das Gebet möge zum Weltengrund dringen «durch Jesus Christus, Deinen Sohn, unsern Herrn.» Durch den Jesus-Namen, der nur an dieser Stelle zu Beginn der Wandlung erscheint, kommt zum Ausdruck: Christus ist ein geistiges Wesen, Jesus ist Mensch in der Erdenwelt: «In Jesus trat der Christus als Mensch in die Erdenwelt.» (dritter Satz des Credo siehe S. 126) Die Erdenwelt ist zugleich auch die Sinneswelt und die Polarität zur übersinnlichen Himmelswelt. Entsprechend gibt es eine Polarität als «Relation» zwischen Jesus Christus und dem Weltengrund. Wir könnten für diese Polarität auch sagen: Ich und Welt, subjektive und objektive Wirklichkeit, Idee und Sinneswirklichkeit.

Und da erscheint wie aus einem anderen Zusammenhang im Verhältnis zum Weltengrund das Wort «Sohn»: der «Weltengrund» hat einen «Sohn»! Was für eine Beziehung wird damit ausgedrückt? Der Weltengrund hat «Geschöpfe», denen er «väterlich» vorangeht (erster Satz des Credo) als Ausdruck der entsprechenden Beziehung. Nun fällt der Blick auf den

«Sohn» des Weltengrundes als eine ganz neue Beziehung, die nicht mehr allein «väterlich» ist. Aus den «Geschöpfen» sind Mitglieder einer Gemeinschaft mit der Intention geworden, die «Gemeinschaft des Christus» zu werden, die schließlich bittet: «Empfange, o Vatergott, das Christusopfer ...» Der «Weltengrund» ist zum «Vatergott» geworden, weil Jesus Christus den Tod überwunden hat und so – durch ihn als «Sohn» – das *Werden* der neuen Erde, die sein «Leib» geworden ist, begonnen hat.

Das ist der kosmische Vorgang, der in der kultischen *Wandlung* seinen Ausdruck findet: Die neue Erde als «Leib Christi» ist irdisch und himmlisch zugleich. Die Beziehung zwischen *Weltengrund* und *Christus* wird zur Beziehung zwischen *Vater* und *Sohn*. Diese Beziehung zwischen Vater und Sohn – das *Geschöpf* des Vaters wird *Sohn*; der *Weltengrund* wird durch den Sohn *Vater* – trägt die kultische Handlung der *Wandlung*. Es ist eine polare Beziehung. Die *Synthese* dieser Polarität ist dann (siehe Kap. 21) der heilige Geist. Das wird tatsächlich deutlich in dem Moment, in dem sich die Subtanzverwandlung als Durchdringung der geistig-himmlischen mit der irdisch-sinnlichen Substanz, des himmlischen Vaters mit dem menschgewordenen Sohn ereignen soll. Da wird der Geist angerufen, «erdenwärts» zu wirken, und das kultische Opfer «strebet himmelwärts».[110]

So erscheint im kultischen Organismus der Menschenweihehandlung die *Wandlung* als mit dem Zukunftswirken des *Geistgottes* verbunden.

Kommunion

Die *Kommunion* wird eingeleitet mit dem Motiv des *Friedens*. Christus hat gesagt: «Friedvoll stehe ich zur Welt.» Und dann verspricht er, dass «dieser Friede mit der Welt» auch bei uns

Erdenmenschen sein kann, «weil ich ihn euch gebe» (vgl. Joh 14_{27}). Durch die Menschwerdung des Christus hat zwischen übersinnlicher und sinnlicher Welt ein Prozess begonnen, mit dem wir uns schon beschäftigt haben als dem «Durchgang der übersinnlichen Welt durch die sinnliche Welt.» (Kap. 13-16) In der zunächst unüberwindlichen Polarität von *sinnlich* und übersinnlich kann dieser «Durchgang» zur Synthese werden, indem in der sinnlichen Welt die «entsprechenden Fähigkeiten» ausgebildet werden, diese Polarität zu überwinden. Wir sagten schon (Kap. 16): «Diese Überwindung liegt dem Wesen des Auferstehungsleibes zugrunde.» So gilt das Wort des Auferstandenen: «Friedvoll stehe ich zur Welt.»

Für das kultische Geschehen der Menschenweihehandlung in der *Kommunion* ist dieses Christus-Wort ein durchgehendes Motiv: Die Bitte, die nun an den Christus gerichtet wird, ist zuerst eine Erkenntnis seines Wesens: Er ist «ohne Krankheit ausgegangen vom Vatergott» und schenkt «den Menschengeistern mit dem heilenden Geiste das Weiterleben». *Vatergott* und *heilender Geist* erscheinen hier als Polarität, die dann auch mit *Vergangenheit* und *Zukunft* verbunden ist. Und schließlich erscheint diese Polarität dann auch in der eigentlichen Bitte: Der «heiltragende Leib» des Christus und sein «heilspendendes Blut» mögen «die Macht der Sündenkrankheit» dämpfen und den Menschen «in der ringenden Seele» stärken.

Die «Macht der Sündenkrankheit» ist ein Erbe der Vergangenheit und betrifft die Art, wie wir uns von der geistigen Welt (im «Sündenfall») gelöst haben. Nur Christus ist «ohne Krankheit ausgegangen vom Vatergott».

Die Zukunft des werdenden Menschen bezieht sich nicht auf den Leib und seine Vergangenheit, sondern auf den zukunftsorientierten Menschengeist. Wie kann es möglich sein, in der sinnlichen Welt ein geistiges Leben zu führen und sogar weiterzuentwickeln? Das kann nur geschehen, wenn der Christus «den Menschengeistern mit dem heilenden Geiste das Weiterleben» schenkt. Da geht es nicht um eine «Dämpfung» des sündenkranken *Leibes*, sondern um eine «Stärkung» der ringenden Seele in Zusammenhang mit dem *Blut*. So lautet das bittende Gebet an Christus: «Stärke mich in der ringenden Seele durch Dein heilspendendes Blut.»

Die *Kommunion* findet ihre Abrundung, indem die *Zweiheit* von Vater und heilendem Geist sich sinnlich manifestiert in der Kommunion von Leib und Blut (in der Gestalt von Brot und Wein). Und diese *Zweiheit* von Vater und heilendem Geist, von Leib und Blut, wird dann durch *Christus*, der eigentlichen Mitte der Kommunion, zur *Dreiheit*. Es ist eben der Leib *des Christus*, den der kommunizierende Mensch «empfängt», und das Blut *des Christus*, das ihn «belebt». Am Anfang der *Kommunion* steht das Friedensmotiv und das Wort des Christus: «Dieser Friede mit der Welt kann auch bei euch sein, weil ich ihn euch gebe.» Das ist im kultischen Handeln geschehen, jeder Kommunikant hat den Frieden individuell empfangen und die Worte gehört: «Der Friede sei mit dir.» So bildet sich die Grundlage jenes *Friedens* zwischen sinnlicher und übersinnlicher Welt, der dann zum Keim der neuen Erde reift.

Es ergibt sich aus unseren Betrachtungen, dass im kultischen Organismus der Menschenweihehandlung die *Kommunion* in der polaren Zweiheit von *Vatergott* und *heilendem Geist* mit dem Zukunftswirken des *Sohnes* verbunden ist.

Unsere Betrachtung hat in diesem Kapitel zu der Anschauung geführt, dass im zweiten Teil der Menschenweihehandlung die drei Akte *Opferung*, *Wandlung* und *Kommunion* in einem jeweils spezifischen Verhältnis zum Wirken der Trinität stehen. Wir sehen dabei – in Bezug auf ihre Relationen – drei verschiedene «Trinitäten», wo als «Synthese» jeweils das *Zukunftswirken* einer bestimmten trinitarischen Person erscheint. Eine Verbindung in diesem Sinn hat sich jeweils ergeben für

Opferung	–	Vater
Wandlung	–	heiliger Geist
Kommunion	–	Sohn

Nachfolgend ist in der Tabelle ansatzweise charakterisiert, was die trinitarischen «Personen» unterscheidet. Das mag zu einem ersten Eindruck führen, was die Beziehung der jeweiligen Trinität zur Opferung, Wandlung und Kommunion aussagt (siehe Kap. 18 und 22).

Vater	Das Zukunftswirken des Vaters gründet sich darauf, dass *Sohn und Geist* eine Zweiheit bilden. Schöpfung. Beitrag der Sinneswelt zur Evolution. Rudolf Steiner: «Ich hatte das Gefühl, die Sinneswelt habe etwas zu enthüllen, was nur sie enthüllen kann.»
Sohn	Das Zukunftswirken des Sohnes gründet sich darauf, dass *Vater und Geist* eine Zweiheit bilden. Beitrag des Menschen zur Evolution durch «Frieden» und das «Gute». Das Gute ist «die Kraft, welche zum Jupiter hinüberträgt das Moralische der Erdenwelt.»
Hl. Geist	Das Zukunftswirken des Geistes gründet sich darauf, dass *Vater und Sohn* eine Zweiheit bilden. Vereinigung von Mensch und Kosmos. «Die Liebe zur Sinneswelt.»

25. Epistel zur Trinität

Das Wesen der Trinität erscheint differenziert, je nachdem, welcher Weg der Annäherung gegangen wird. Im vorangehenden Kapitel haben wir den Weg der *Menschenweihehandlung* betrachtet. Auf diesem Weg sind wir, wie schon der Name «Menschenweihe-*Handlung*» sagt, «Handelnde». Der Weg hat deutlich einen Anfang und einen Abschluss, er ist Begegnung und Bewegung, wir «wandeln» auf ihm ohne fixierte Konstellationen.

Beim *Credo* ist das anders. Es beschreibt gewissermaßen «Grund-Sätze» des Christentums[111] und ist nicht der Ausdruck einer Handlung oder eines Weges, den man geht. Beispielsweise wird die Beziehung zwischen dem göttlichen Vater und Sohn klar beschrieben: Er «ist zu diesem Gotteswesen wie der in Ewigkeit geborene Sohn.» Und auf Erden lebt er «als der Vollführer der väterlichen Taten des Weltengrundes». Die Trinität ist hier eine Wirklichkeit der Weltschöpfung. Der kultische Weg durch die *Wandlung* kann auch ein intensives Erlebnis der Beziehung zwischen *Vater* und *Sohn* hervorbringen, aber im «Handeln» eben ganz anderer Art. So sind auch den Themen «Credo» und «Menschenweihehandlung» jeweils eigene Kapitel gewidmet.

Es gibt noch die dritte Form einer Annäherung an das Rätsel der Trinität. Sie ist eng geknüpft an das «Menschsein» als solches. Das ist nicht der Weg der Opferhandlung, nicht die Frage nach der Wirklichkeit der Weltschöpfung, sondern das Werden des Menschen als Spiegel der trinitarischen Gottheit. Zum besseren Verständnis dieser dritten Form einer Annäherung an das Rätsel der Trinität gehen wir zurück bis ins 9.

Jahrhundert (vgl. Kap. 21) zum *8. Ökumenischen Konzil von Konstantinopel* (869/70). Auf diesem Konzil wurde – so nennt es Rudolf Steiner – «der Geist abgeschafft». Gegenüber dem «trichotomischen» Menschenbild (der Mensch ist dreigliedrig und besteht aus *Leib – Seele – Geist*) wurde das «dichotomische» dogmatisch definiert als allein richtig: Der Mensch besteht nur aus *Leib* und *Seele*. Das bedeutet: Was «wahr» ist, kann er ohne «Geist» nicht aus sich heraus entscheiden. Das ist allein der Kirche als Empfängerin von «Offenbarungswahrheiten» vorbehalten. Dieses Menschenbild wurde für die weitere Kulturentwicklung prägend. Erst 1904 erschien von Rudolf Steiner das Buch ‹Theosophie›, in dem nach grundlegender Ausführung sich dann der zusammenfassende Satz findet: «In diesem Sinne besteht der Mensch aus *Leib, Seele* und *Geist.*»[112] Die Trichotomie des Menschen, die 869 «abgeschafft» worden war, wurde nun zum Baustein für ein neues Menschenbild.

Im maßgebenden protestantischen Lexikon ‹Religion in Geschichte und Gegenwart› findet sich im Artikel «Anthropologie» zu diesem Thema eine erstaunliche Bemerkung: «Wo die Anthropologie auch nur im Hintergrunde trichotomisch war (so etwa bei Origenes), wurde mit einer vorgegebenen Nähe des Menschen zu Gott gerechnet. Zu kirchlicher Geltung ist schließlich die anthropologische Dichotomie gelangt (Konzil zu Konstantinopel 869/870).»[113] Es ist naheliegend und weiterführend, auf einen Zusammenhang zwischen der *Trichotomie des Menschen* und «einer vorgegebenen Nähe des Menschen zu Gott» zu blicken, eben dem *trinitarischen* Gott. Diese «vorgegebenen Nähe» ist biblisch beschrieben: «Und Gott schuf den Menschen nach seinem Bild.» (1 Mose 1_{27}) Wenn Gott also im Christentum trinitarisch gedacht wird und der Mensch «nach seinem Bild» geschaffen ist, dann ist auch der Mensch dreigliedrig zu verstehen, trichotomisch. Die drei Glieder können dann als *Leib, Seele* und

Geist verstanden werden. Doch gibt es auch noch weitere Dreiheiten, die mit dem Menschsein verbunden sind.[114] Die Frage stellt sich da, ob zwischen den Gliedern der Trinität und den Gliedern der «Dreiheiten» des Menschen möglicherweise auch spezifische Beziehungen bestehen, wie etwa zwischen *Denken* und *heiligem Geist.* Wie würde man dann das Fühlen und Wollen zuordnen? Dieser Frage soll an dieser Stelle nicht nachgegangen, sondern zunächst der Blick auf den Zusammenhang zwischen dem trinitarischen Gott und dem dreigliedrigen Menschen gerichtet werden.

Wir sprachen von einer dritten Form der Annäherung an das Rätsel der Trinität. Sie bezieht sich ganz auf den Menschen. Zu den schon behandelten beiden Formen des Zugangs in Kultus, Credo und Menschenweihehandlung, kommt nun als drittes die Epistel.[115] In der Liturgie der Messe erscheint die «Epistel» (lat. für «Brief») als Lesung aus einem der neutestamentlichen Apostelbriefe. Für die Epistel im erneuerten Kultus gilt besonders, was Rudolf Steiner zur Menschenweihehandlung gesagt hat (Kap. 23): In ihr ist das Gültige vom Alten genommen, das aber «die Gestalt angenommen hat, die heute aus der geistigen Welt fließt». Der Name «Epistel» entspricht in diesem Sinne nur unzureichend dem Neuen. Zu einem neuen Namen ist es aber, ähnlich wie beim «Credo», nicht gekommen.

Es gibt dreizehn Episteln, die jeweils zur entsprechenden Zeit im christlichen Jahreslauf innerhalb der Menschenweihehandlung gesprochen werden. Die Geste der Episteln ist eine ganz eigene, die sich von der Geste der Menschenweihehandlung deutlich unterscheidet. Bei dieser gehen wir als «Handelnde» aktiv auf die geistige Welt zu, die sich dann im kultischen Geschehen immer mehr differenziert und eine Annäherung an den trinitarischen Gott – Vatergott, Sohnesgott, Geistgott – möglich macht. Bei den Episteln ist es jedoch eher so, dass die geistige Welt auf den Menschen wie zugeht, ihn eintauchen lässt in die innere Verfassung, die dem christlichen Jahreslauf in dieser Zeit jeweils entspricht, und ihn in dieser Weise stärkt, den kultischen Weg «handelnd» zu gehen. Die hier zu besprechende *Epistel zur Trinität* aber ist als einzige keiner bestimmten Zeit im christlichen Jahreslauf zugeordnet, sondern liegt diesem in seiner Ganzheit zugrunde. Sie erscheint viermal im Jahreslauf, jeweils in den Zeiten, denen keine andere Epistel zugeordnet ist. Sie stärkt die innere Veranlagung des Menschen, in seiner ihm eigenen dreigliedrigen Konstitution die Brücke zu suchen auf dem Weg zum dreieinigen Gott.

Die Epistel im Wortlaut

Im Bewußtsein unserer Menschheit erfühlen wir
den göttlichen Vater.
Er ist in allem, was wir sind.
Unsere Substanz ist seine Substanz.
Unser Sein ist sein Sein.
Er geht in uns durch alles Dasein.

Im Erleben des Christus in unserer Menschheit
erfühlen wir den göttlichen Sohn.
Er waltet als das Geist-Wort durch die Welt.
Er schafft in allem, was wir schaffen.
Unser Wesen ist sein Schaffen.
Unser Leben ist sein schaffendes Leben.
Er schafft durch uns in allem seelischen Schaffen.

Im Ergreifen des Geistes durch unsere Menschheit
erfühlen wir den heilenden Gott.
Er leuchte als das Geist-Licht durch die Welt.
Er leuchte in allem, was wir schauen.
Unser Schauen sei durchtränkt von seinem Geist-
Lichte.

Unser Erkennen nehme er wohlgefällig in sein
geistleuchtendes Leben auf.
Er durchgeistige alles Walten unserer
Menschenseele.[116]

Die Epistel zeichnet den Weg zur dreifaltigen Gottheit als dreifachen Weg. Unser *Menschsein* ist der Ausgangspunkt dieses Weges. *Mensch* zu sein allein genügt aber noch nicht, sondern es kommt darauf an, welche Beziehung wir zu unserem eigenen Menschsein haben und welche Wirklichkeit wir damit verbinden. Haben wir ein klares Bewusstsein davon, was der Mensch eigentlich ist? Können wir wirklich erleben, woher er kommt, sein Werden in der Evolution, ob er mehr ist als nur ein höheres Säugetier? In diesem Sinne beginnt der Weg zur dreifaltigen Gottheit auch als Weg des Menschen zu sich selbst, zu seiner «Menschheit»[117] in dreifacher Gliederung:

«Im Bewußtsein unserer Menschheit erfühlen wir den göttlichen Vater.»

«Im Erleben des Christus in unserer Menschheit erfühlen wir den göttlichen Sohn.»

«Im Ergreifen des Geistes durch unsere Menschheit erfühlen wir den heilenden Gott.»

Hier zeigt sich, wie drei Bereiche des Menschseins – *Bewusstsein, Erleben, Ergreifen* – zu entsprechenden Bereichen des dreifaltigen Gottes – *göttlicher Vater, göttlicher Sohn, heilender Gott* – in Beziehung stehen.

- Die seelische Qualität dieses *Epistel*-Weges zur Trinität ist beschrieben als das *Fühlen*: Der *göttliche Vater*, der *göttliche Sohn*, der *heilende Gott* werden von uns «erfühlt».
- Anders ist der Weg der *Menschenweihehandlung* zur Trinität. Hier liegt die Qualität des *Handelns* zugrunde, wie es schon im Namen zum Ausdruck kommt. Und dann – so sagt es der kultische Wortlaut – wollen wir diesen Kultus auch

«würdig vollbringen». Da erscheint der Weg der Menschenweihehandlung deutlich in der Qualität des *Willens.*

- Beim *Credo* ist der Weg noch einmal ein anderer, wie schon am Beginn dieses Kapitels gesagt: «Es beschreibt gewissermaßen ‹Grund-Sätze› des Christentums und ist nicht der Ausdruck einer (Opfer-)Handlung.» Nicht Fühlen oder Wollen sind der Weg zu diesen *Grund-Sätzen*, sondern die Bemühung um erkennendes Verstehen durch *Denken.*

In diesem Sinne sind die drei betrachteten Wege zum Erleben der Trinität – *Credo, Menschenweihehandlung* und *Epistel* – mit drei verschiedenen seelischen Qualitäten verbunden: *Denken*, *Wollen* und *Fühlen.*

Zuletzt soll noch der Blick auf das jeweilige «*Ergebnis*» der drei Epistel-Strophen gerichtet werden, wir könnten auch sagen: das antwortende Wirken des trinitarischen Gottes auf die menschlicher Initiative: *im Bewusstsein – im Erleben – im Ergreifen.*

Der göttliche Vater – «geht in uns durch alles Dasein».
Im *Credo* wird Gott «ein allmächtiges, geistig-physisches Gotteswesen» genannt. Er ist der «Daseinsgrund» von allem, der seinen Geschöpfen «väterlich vorangeht». Jetzt in der *Epistel* ist dieses allgemeine Gottesbild vom «Daseinsgrund» konkret geworden, in direkter Verbindung mit dem Menschen: Für den «Menschen» in seiner vollen Wirklichkeit und sich seiner «Menschheit» bewusst, ist dieses Gotteswesen jetzt der «göttliche Vater». Das «erfühlt» der Mensch in seiner inneren Aktivität als unmittelbare Verbindung mit dem göttlichen Vater: «Er ist in allem, was wir sind. Unsere Substanz ist seine Substanz. Unser Sein ist sein Sein.»

Und nicht mehr geht das Gotteswesen als Daseinsgrund seinen Geschöpfen «väterlich» *voran*, sondern es ist unmittelbar «der göttliche Vater», der «*in uns* durch alles Dasein» geht. Ein großer Bogen im Erleben der Trinität führt von der Annäherung im Sinne des *Credo* zum «Erfühlen» im Sinne der *Epistel.*

Der göttliche Sohn – «schafft durch uns in allem seelischen Schaffen».
Das Verhältnis des Christus-Wesens zum allmächtigen Gotteswesen, dem Daseinsgrund der Schöpfung, heißt im *Credo* «wie der in Ewigkeit geborene Sohn». Wieder erleben wir in der *Epistel* den fortgeschrittenen Prozess in der Verbindung zwischen der trinitarischen Gottheit und dem Menschen, der sich seiner «Menschheit» bewusst wird. Wir erfühlen den «göttlichen Sohn» und seine Aktivität: «Er waltet als das Geist-Wort durch die Welt. Er schafft in allem, was wir schaffen.» Die schöpferischen Impulse, die der Mensch entwickeln soll, sein «seelisches Schaffen», gehören zu seinem Menschsein, seiner «Menschheit». Sie sind mit dem Wirken des «göttlichen Sohnes» verbunden: «Unser Wesen ist sein Schaffen. Unser Leben ist sein schaffendes Leben. Er schafft durch uns in allem seelischen Schaffen.» Damit ist der Schritt verbunden, der von der gegebenen Vaterschöpfung – als «seine Substanz» und «sein Sein» – zur Sohnes-Schöpfung führt – *durch den Menschen*!

Der heilende Gott – «durchgeistige alles Walten unserer Menschenseele» – so ist die Bitte.
Das Wirken des göttlichen Vaters als dem «Daseinsgrund der Himmel und der Erde» urständet in der Vergangenheit, die aber bis in die Gegenwart reicht und deshalb auch in der Strophe, die seine Wirksamkeit beschreibt, in der Präsens-Form verfasst ist. Das Wirken des göttlichen Sohnes ist schöpferisches Schaffen in Verbindung mit dem Menschen, welches immer ein Ereignis der Gegenwart ist: «Er schafft in allem, was wir schaffen.»

Das Wirken des «heilenden Gottes» schließlich bezieht sich auf die Zukunft in dem Sinne, dass die Zukunft in die Gegenwart gestaltend hereinragt durch ein *neues* Erkennen der Wirklichkeit. Das ist noch nicht die gegebene Wirklichkeit. Um sie muss erst noch gerungen werden: «Unser Erkennen nehme er wohlgefällig in sein geistleuchtendes Leben auf.» Und zuletzt umschließt dieses Zukunftswirken des Geistes das ganze Zukunftswerden des Menschen: «Er durchgeistige alles Walten unserer Menschenseele.» Da erscheint der zukünftige Mensch, dem der Geist nicht einfach gegeben ist, der aber «im Ergreifen des Geistes durch unsere Menschheit» den heiligen Geist als den «heilenden Gott» erfährt, durch den schließlich die Trichotomie des Menschen erst zur vollen Wirklichkeit wird als die Dreiheit von Leib, Seele *und* Geist.

Es ist deutlich, dass diese drei Zugänge verschiedene Bilder haben in Bezug auf die Frage: Ist die Trinität eine Einheit oder eine Dreiheit? Gibt es den *einen* Gott in drei Gestalten (Modalismus) oder sind es *drei* Götter (Tritheismus)?

Im *Credo* ist Christus *wie* der Sohn des Gotteswesens, des Daseinsgrundes. Er ist auch der «Vollführer der *väterlichen* Taten des Weltengrundes».

In der *Epistel* gibt es konkret den «göttlichen Vater», den «göttlichen Sohn» und den «heilenden Geist», die vom Menschen «erfühlt» werden.

In der *Menschenweihehandlung* schließlich wenden wir uns sowohl zum *Weltengrund*, als auch konkret an *Vater, Sohn* und *Geist*.

So zeigt sich, dass der Zugang zur Trinität durch das *Credo* eine Betonung des *einen* Gottes hat als dem allmächtigen Gotteswesen und Daseinsgrund von allem, was existiert.

Ganz anders ist das beim Zugang durch die *Epistel.* Da erscheinen *göttlicher Vater, göttlicher Sohn* und *heilender Gott,* jeder für sich und in einem jeweils spezifischen Verhältnis zum Menschen:

- Die Beziehung zum *göttlichen Vater* entsteht durch die Gemeinsamkeit von «Sein und Substanz». Das bezieht sich auf eine Qualität des *Leiblichen.*
- Die Gemeinsamkeit mit dem *göttlichen Sohn* heißt: «Er schafft durch uns in allem seelischen Schaffen.» Da ist schon der direkte Hinweis auf die Qualität des *Seelischen* gegeben.
- Und schließlich erscheint die Beziehung zum *heilenden Gott* in der Intention: «Er durchgeistige alles Walten unserer Menschenseele.» Auch da ist ein direkter Hinweis gegeben auf die Qualität des *Geistes.*

Es ist deutlich zu sehen, dass die Beziehung des *trinitarischen Gottes* zum Menschen sich hier auf den *trichotomischen Menschen* bezieht:

Vatergott	Sohnesgott	Geistgott
göttlicher Vater	*göttlicher Sohn*	*heilender Gott*
Leib	Seele	Geist

Die Einheit und die Dreiheit der Trinität werden durch die entsprechenden Tore (*Credo* und *Epistel*) erkennbar. Die *Einheit* der Trinität ist Ausdruck ihrer Beziehung zur gesamten Schöpfung; die *Dreiheit* erscheint in der Beziehung zum Menschen. Das Tor der Menschenweihehandlung ist die Mitte. So können wir zusammenfassen:

Im erneuerten Kultus sind die Dreiheit und die Einheit der Trinität gleichermaßen «wirklich».

Anmerkungen

1 Dazu gibt es eine Ausnahme, die Wirkungsweise des heiligen Geistes betreffend: das sog. «filioque».

2 Johann Peter Eckermann: *Gespräche mit Goethe in den letzten Jahren seines Lebens Band 2,* hrsg. von Fritz Bergmann, Leipzig 1981, Gespräch vom 4. Januar 1824. S. 508f.

3 «Der Streit der Fakultäten» in Wilhelm Weischedel (Hrsg.): *Immanuel Kant. Werke in zwölf Bänden Bd. IX*, Darmstadt 1971, S. 303f.

4 Jürgen Moltmann: *Der gekreuzigte Gott*, München [5]1987, S. 223.

5 Karl Rahner: *Der dreifaltige Gott als transzendenter Urgrund der Heilsgeschichte* (*Schriften zur Theologie Bd. IV*), Zürich u.a. 1960, S. 105.

6 Rudolf Steiner: *Das Geheimnis der Trinität* (GA 214), Dornach 1999, Vortrag vom 30. Juli 1922, S. 72.

7 Brief Johann Wolfgang von Goethe an Johann Caspar Lavater vom 29. Juli 1782, zit. nach: *Goethe-Briefe Band 2,* hrsg. von Philipp Stein, Berlin 1924, S. 312.

8 Rudolf Steiner: *Wahrspruchworte* (GA 40), Dornach 1998, S. 319.

9 Ders.: *Ritualtexte für die Feiern des freien christlichen Religionsunterrichtes* (GA 269), Dornach 1997, S. 197.

10 Der «Bund» mit Gott (lateinisch: «testamentum») spielt in der Bibel (Altes Testament / Neues Testament) als deren eigentlichem Fundament eine wichtige Rolle. Der Übergang zum Christentum ist der Übergang zum «neuen Bund» (Neues Testament), der durch Christus im Abendmahl gestiftet wird (Lk 22_{20}), aber auch schon im Alten Testament als Zukunftsereignis prophezeit wird (Jer 31_{31}).

11 «Die Zeit aber, die die Israeliten in Ägypten gewohnt haben, ist vierhundertunddreißig Jahre.» (2 Mose 12_{40}).

12 Ein Beispiel ist «der Tanz ums goldene Kalb» (2 Mose 32_{1-35}).

13 Das erste Gebot (2 Mose 20_{2-5}) lautet: «Ich bin Jahwe, dein

Gott, der dich aus Ägypten geführt hat, aus der Sklaverei. Du sollst neben mir keine anderen Götter haben. Du sollst dir kein Gottesbild machen und keine Darstellung von irgendetwas am Himmel droben, auf der Erde unten oder im Wasser unter der Erde. Du sollst dich nicht vor anderen Göttern niederwerfen und dich nicht verpflichten, ihnen zu dienen.»

14 Die innere und äußere Verfassung des von Gott auserwählten israelitischen Volkes gründet sich zuletzt auf den Bund mit Gott am Berg Sinai (Zehn Gebote, Monotheismus). «Denn du bist ein heiliges Volk dem Herrn, deinem Gott, und der Herr hat dich erwählt, dass du sein Eigentum seist, aus allen Völkern, die auf Erden sind.» (5 Mose 14_2).

15 2. Mose 3_{13-14}.

16 Bettina Amon: ‹Zeitbewusstsein› / http://soziologie.soz.uni-linz.ac.at › sozthe › FreiTour-Wiki

17 Rudolf Steiner: *Die Erziehung des Kindes vom Gesichtspunkte der Geisteswissenschaft* 1907 in ders.: *Lucifer-Gnosis 1903–1908* (GA 34), Dornach 1987, S. 329.

18 Ebd.

19 Rudolf Steiner: *Die Erziehungsfrage als soziale Frage* (GA 296), Dornach 1991, Vortrag vom 9. August 1919, S. 21. Hervorhebung M.D.

20 Rudolf Steiner: *Vor dem Tore der Theosophie* (GA 95) Dornach 1990, Vortrag vom 27. August 1906, S. 58.

21 Siehe Anm. 16.

22 Ebd.

23 Bzw. die eine Lehrerin. In der Waldorfschule ist es dann tatsächlich der «eine» Lehrer (bzw. Lehrerin), der bis zum 14. Lebensjahr bzw. 8. Klasse den «Hauptunterricht» erteilt.

24 Mit «Ausgangspunkt» haben wir unsere heutige Entwicklungsperiode im Auge, die sog. «nachatlantische Zeit». (Vgl. Rudolf Steiner: *Aus der Akasha-Chronik* (GA 11), Dornach 1986, S. 26ff.

25 Vgl. Anm. 20.

26 GA 40, S. 351.

27 Rudolf Steiner: *Die Prüfung der Seele,* in: *Vier Mysteriendramen* (GA 14), Dornach 1998, 3. Bild, S. 188.

28 Siehe Anm. 19.

29 Siehe Anm. 14.

30 Bezeichnungen für die Hebräische Bibel, entspricht im Wesentlichen dem «Alten Testament».

31 Siehe Anm. 10.

32 Johann Wolfgang von Goethe: *Atmosphäre* (Gedicht), in ders.: *Werke Band 1*, Hamburger Ausgabe, München 1981, S. 349.

33 Rudolf Steiner: *Seelenübungen* (GA 267), Dornach 2001, S. 266.

34 Das Wort *Messias* stammt aus der hebräischen Bibel, dem Tanach («Altes Testament»), der ab dem 3. Jahrhundert v. Chr. in griechischer Sprache als «Septuaginta» größte Verbreitung fand.

35 In einigen Textvarianten des Lukas-Evangeliums findet sich diese Version als Zitat aus Ps 2_7 («Krönungs-Psalm»).

36 Bzw. «Koine», die damals überregionale griechische Gemeinsprache des Hellenismus, in der auch das Neue Testament verfasst wurde.

37 Bezeichnung für Schriftsteller des 2. Jahrhunderts, die das Christentum gegen die Vorwürfe der nichtchristlichen Religionen verteidigten (Justinus der Märtyrer, Irenäus von Lyon, Tatian, Athenagoras u.a.), indem sie es in der Gedankenform der griechischen Philosophie darstellten.

38 Vgl. Adolf Harnack: *Dogmengeschichte*, Tübingen ^{5}1914, S. 113-118 (für die folgenden Aussagen).

39 Alfred Schütze: *Vom Wesen der Trinität*, Stuttgart 1954, S. 189.

40 In der Übersetzung von Emil Bock.

41 Die Feier der «Bar-Mizwa» ist genau genommen erst im Mittelalter entstanden. Aber zu Zeiten des Jesus war es entsprechend üblich, dass für Jungen im Alter von 12 oder 13 Jahren die Feier der Religionsmündigkeit stattfand.

42 Der Wortlaut «heute habe ich dich gezeugt» entspricht einer Lesart, die sich als Textvariante im Lukas-Evangelium findet. Sie ist ein Zitat von Psalm 2_7 (siehe S. 78).

43 Diesen Ausdruck gebraucht Paulus in 1 Kor 3_9.

44 Vgl. hierzu Rudolf Steiner: *Das Christentum als mystische Tatsache* (GA 8), Dornach 1989, S. 109 und 112.

45 Siehe Anm. 32.
46 Rudolf Steiner: *Vorträge und Kurse über christlich-religiöses Wirken II*, (GA 343a), Dornach 1993, Vortrag vom 8. Oktober 1921, S. 526.
47 Vgl. Adolf Harnack: *Dogmengeschichte*, Tübingen ^{5}1914, S. 203ff.
48 Vgl. «Und Jesus nahm zu an Weisheit, Alter und Gnade bei Gott und den Menschen.» (Lk 2_{52}).
49 Basilius von Caesarea (d. Gr., † 379), sein Bruder Gregor von Nyssa († nach 394) und beider Freund Gregor von Nazianz († 390).
50 «Und vom Sohn» = «filioque»: Im 9. Jahrhundert wurde dieser Zusatz offiziell von der Westkirche – ohne Übereinstimmung mit der Ostkirche – hinzugefügt. Das wurde zum wesentlichen Grund der Kirchenspaltung (Schisma).
51 Rudolf Steiner: *Theosophie* (GA 9), Dornach 2003, S. 43.
52 A.a.O., S. 47.
53 Vgl. zu diesem Thema ders.: *Menschheitsentwicklung und Christus-Erkenntnis* (GA 100), Dornach 1981, Vortrag vom 21. November 1907; *Das Johannes-Evangelium* (GA 103), Dornach 1995, Vortrag vom 30. Mai 1908.
54 Vgl. Rudolf Steiner: *Die geistigen Hintergründe des Ersten Weltkrieges* (GA 174b), Dornach 1994, S. 43.
55 Georg Wilhelm Friedrich Hegel (1770–1831).
56 Vgl. Georg Wilhelm Friedrich Hegel: *Wissenschaft der Logik I*, Frankfurt am Main 1986, 1. Kap., S. 83: «Das reine Sein und das reine Nichts ist also dasselbe. Was die Wahrheit ist, ist weder das Sein noch das Nichts, sondern dass das Sein in Nichts und das Nichts in Sein – nicht übergeht, sondern übergegangen ist. Aber ebenso sehr ist die Wahrheit nicht ihre Ununterschiedenheit, sondern dass sie nicht dasselbe, dass sie absolut unterschieden, aber ebenso ungetrennt und untrennbar sind und unmittelbar jedes in seinem Gegenteil verschwindet. Ihre Wahrheit ist also diese Bewegung des unmittelbaren Verschwindens des einen in dem anderen: das Werden; eine Bewegung, worin beide unterschieden sind, aber durch einen Unterschied, der sich ebenso unmittelbar aufgelöst hat ...»

57 Friedrich Benesch (1907–1991), Priester der Christengemeinschaft, von 1958–1985 in der Leitung des Priesterseminars.

58 Hans-Werner Schroeder: *Friedrich Benesch – Leben und Werk*, Stuttgart 2007, S. 218.

59 Rudolf Steiner: *Wie erlangt man Erkenntnisse der höheren Welten* (GA 10) Dornach 1993, S. 206f.

60 Siehe Anm. 46.

61 Vgl. ders.: *Die Geheimwissenschaft im Umriß* (GA 13), Dornach 1989.

62 Ders.: *Grundlinien einer Erkenntnistheorie der Goetheschen Weltanschauung* (GA 2), Dornach 2003, S. 84.

63 Ders.: *Die Erkenntnis der Seele und des Geistes* (GA 56), Dornach 1985, Vortrag vom 10. Oktober 1907.

64 GA 13, S. 161.

65 Ders.: *Die Evolution vom Gesichtspunkte des Wahrhaftigen* (GA 132) Dornach 1999, Vortrag vom 7. November 1911.

66 Vgl. ders.: *Die Brücke zwischen der Weltgeistigkeit und dem Physischen des Menschen* (GA 202), Dornach 1993, Vortrag vom 18. Dezember 1920.

67 GA 8, S. 36.

68 GA 13, S. 415.

69 Vgl. ders.: *Die menschliche Seele in ihrem Zusammenhang mit göttlich-geistigen Individualitäten. Die Verinnerlichung der Jahresfeste* (GA 224), Dornach 1992, Vortrag vom 2. Mai 1923.

70 Vgl. GA 13.

71 Christoph Markschies: *Valentinus Gnosticus?*, Tübingen 1992, S. 18ff.

72 Ein frühes Beispiel ist Hans-Werner Schroeder: *Mensch und Engel*, Stuttgart 1979.

73 Adolf Harnack: *Dogmengeschichte*, Tübingen [5]1914, S. 207.

74 Es mag erstaunen, dass wir die Hierarchien, die «Fülle der himmlischen Heerscharen» (Lk 2_{13}), hier als ein einziges Wesen, nämlich den *Theos héteros*, den Schöpfer unseres Kosmos, auffassen. Sergej O. Prokofieff hat auf etwas Ähnliches schon vor fast 30 Jahren hingewiesen in seinem Buch *Die himmlische Sophia und das Wesen der Anthroposophie* (Dornach 1995). An eine Darstellung Rudolf Steiners

anschließend Vortrag vom 7. April 12 in ders.: *Die geistgien Wesenheiten in den Himmelskörpern und Naturreichen* (GA 136), Dornach 1996, sucht er ein Wort für das «Über-Wesen», dessen Glieder wieder Wesen sind: «Im Russischen gibt es für eine Vielzahl individueller Bewußtseine, die in ihrer Gesamtheit ein höheres organisches Ganzes bilden, das Wort *sobornostj.* [... Einen] Gesamtorganismus von Hierarchien kann man demnach ein «sobornisches» Wesen nennen, das über ein gemeinsames («sobornisches») hierarchisches Bewusstsein verfügt.» (S. 44)

75 Rudolf Steiner: *Der Mensch im Lichte von Okkultismus, Theosophie und Philosophie* (GA 137) Dornach 1993, Vortrag vom 12. Juni 1912, S. 190.

76 A.a.O., S. 189.

77 A.a.O., S. 191.

78 A.a.O., S. 190f.

79 A.a.O., S. 192.

80 Ders.: *Mein Lebensgang* (GA 28), Dornach 2000, Kap. XXII, S. 338f.

81 Friedrich Rittelmeyer: *Meine Gespräche mit Rudolf Steiner*, Stuttgart 2016, S. 55. Am Ende von Kap. 13 war entsprechend deutlich geworden: «Der Vater des Christus und der Gott des Alten Testamentes sind nicht identisch.» (Siehe S. 77)

82 Ders.: *Briefe über das Johannesevangelium*, Stuttgart 1954, S. 268.

83 GA 343a, Vortrag vom 8. Oktober 1921 (vormittags), S. 510. Diese Vorträge wurden für den speziellen Kreis von Menschen gehalten, die mit seiner Hilfe eine «religiöse Erneuerung» anstrebten. Ein Jahr später fand in der Folge die Gründung der «Christengemeinschaft» statt.

84 Von altgriechisch *apóstolos*, deutsch «Gesandter».

85 Rudolf Steiner: *Briefe Band II* (GA 39), Dornach 1953, Brief an Wilhelm Hübbe-Schleiden vom 19. August 1902, S. 277.

86 Ders.: *Geisteswissenschaftliche Menschenkunde* (GA 107), Dornach 1988, Vortrag vom 22. März 1909, S. 254f.

87 Brief von Johann Wolfgang von Goethe an den Kanzler von Müller vom 24. Mai 1828, in: *Goethe-Briefe Band 8,* Berlin 1924, S. 250.

88 Aus Augustinus: *Gottesstaat*, zitiert nach Bertram Stubenrauch: *Dreifaltigkeit*, Kevelaer 2006, S. 9.
89 Siehe Anm. 80.
90 Rudolf Steiner: *Das Zusammenwirken von Ärzten und Seelsorgern* (GA 318), Dornach 1994, Vortrag vom 18. September 1924.
91 Ders.: *Vorträge und Kurse über christlich-religiöses Wirken I* (GA 342), Dornach 1993, Vortrag vom 12. Juni 1921.
92 Ders.: *Heilfaktoren für den sozialen Organismus* (GA 198), Dornach 1984, Vortrag vom 28. März 1920.
93 Ders.: *Bausteine zu einer Erkenntnis des Mysteriums von Golgatha* (GA 175), Dornach 1996, Vortrag vom 10. April 1917, S. 226.
94 Karl-Heinz Ohlig: *Haben wir drei Götter?*, Kevelaer 2014, S. 120.
95 *Beiträge zur Rudolf Steiner Gesamtausgabe* Nr. 63, Michaeli 1978, S. 6f.
96 GA 2, Anmerkungen zur Neuauflage 1924, S. 139.
97 *Die Religion in Geschichte und Gegenwart Bd. 1*, Tübingen [3]1957, S. 415ff.
98 Rudolf Steiner: *Theosophie*, GA 9 (2003), S. 24. Das Zitat stammt aus Goethes Abhandlung *Der Versuch als Vermittler von Object und Subject* (1793).
99 GA 9, S. 28.
100 Johann Wolfgang von Goethe: *Morphologie – Der Verfasser teilt die Geschichte seiner botanischen Studien mit*, in ders.: *Werke Band 13*, Hamburger Ausgabe, München 1981, S. 163.
101 Ders.: *Naturwissenschaftliche Schriften*, herausgegeben von Rudolf Steiner (GA 1a), Dornach 1975, S. 111.
102 Ders.: *Anthroposophische Leitsätze* (GA 26), Dornach 1998, 1. Leitsatz, S. 14.
103 GA 40, S. 289.
104 Vgl. ders.: *Die Verbindung zwischen Lebenden und Toten* (GA 168), Dornach 1995, Vortrag vom 10. Oktober 1916.
105 Die Trinität wird seit Tertullian († um 220) als «eine göttliche Substanz in drei Personen» (lat.: *una substantia tres personae*) beschrieben. «Person» hat hier eine spezielle Bedeutung.
106 Siehe Anm. 80.

107 GA 175, Vortrag vom 10. April 1917, S. 226.

108 «Wenn die Bewegung für christliche Erneuerung entstanden ist, so ist das *nicht* auf *meine* Initiative hin geschehen, sondern auf diejenige hin einer Anzahl christlicher Theologen, die einen neuen geistigen Impuls gerade aus ihrem echt christlichen Empfinden heraus suchten. *Sie* glaubten, denselben in den geistigen Erkenntnissen, namentlich denen, die auch über einen Kultus möglich sind, der Anthroposophie zu finden; und ich war verpflichtet, *dieser* Gruppe von Menschen aus meiner Erkenntnis heraus alles zu geben, was ich geben konnte. Ich blieb der die Erkenntnisse aus der übersinnlichen Welt Mitteilende; und die Empfangenden und in die Erkenntnis Eindringenden taten das Notwendige zur Begründung der Gemeinschaft für christliche Erneuerung.» – Ders.: *Der Goetheanumgedanke inmitten der Kultuskrisis der Gegenwart* (GA 36), Dornach 1961, S 242.

109 Ders.: *Vorträge und Kurse über christlich-religiöses Wirken V* (GA 346), Dornach 2001, Vortrag vom 14. September 1924, S. 150.

110 GA 343a, S. 310. – Die «Epiklese» genannte Herabrufung des heiligen Geistes wird auch in den orthodoxen Kirchen gepflegt, nicht aber in der römisch-katholischen.

111 Der Name «Credo» (lateinisch) bedeutet: «Ich glaube.» Der Inhalt dieses Glaubens ist im Voraus dogmatisch «definiert» – als «biblisch» durch den Wortlaut des aufgeschriebenen Textes oder als «Dogma», das vom Lehramt der Kirche als von Gott geoffenbarter Glaubenssatz vorgelegt wird. Für die heutige Zeit können Glaubens-«Verpflichtungen» als unzeitgemäß erlebt werden. Seinen Glauben muss jeder selbst ausbilden entsprechend dem, was seinem Inneren zugänglich ist. Dann würde das «Credo» Sätze enthalten, die man selbst in seinem Inneren bewegen kann und dadurch einen Glauben entwickeln (oder auch nicht), der dem entspricht, was einem von diesen Sätzen auf ganz verschiedene Art «zugänglich» zu werden beginnt. Vielleicht würde man das «Credo» dann nennen: «Grund-Sätze des Christentums.»

112 GA 9, S. 27.

113 *Religion in Geschichte und Gegenwart Band 1*, 3. Auflage, Tübingen 1957, S. 415ff.

114 Weitere Beispiele für Dreiheiten des Menschen sind «Nerven-Sinnes-System, Rhythmisches System, Stoffwechsel-Gliedmaßen-System»; «Denken-Fühlen-Wollen» usw.

115 «Epistel» (lat.) heißt «Brief» und bezieht sich als liturgische Gattung auf die Apostelbriefe im Neuen Testament. Im Gottesdienst gibt es neben der Verlesung des Evangeliums einen eigenen Ort für die Lesung aus den Apostelbriefen.

116 Vgl. Rudolf Steiner: *Vorträge und Kurse über christlich-religiöses Wirken III* (GA 344), Dornach 1994, Vortrag vom 8. September 1922, S. 82f.

117 Das Wort «Menschheit» hat in der deutschen Sprach einen doppelten Sinn, der im Englischen beispielsweise mit humanity und mankind zu übersetzen wäre. Das erste ist «Menschheit» als Qualität, als «Menschsein». Das zweite ist «Menschheit» als Quantität, die 8 Milliarden Menschen der Erdbevölkerung. Im gegebenen Zusammenhang der Epistel ist «Menschheit» mit «humanity» gleichzusetzen.

Literaturverzeichnis

Goethe-Briefe, hrsg. von Philipp Stein, Berlin 1924

Johann Wolfgang von Goethe: *Werke,* Hamburger Ausgabe, München 1981

Johann Peter Eckermann: *Gespräche mit Goethe in den letzten Jahren seines Lebens Band 2,* hrsg. von Fritz Bergmann, Leipzig 1981

Adolf Harnack: *Dogmengeschichte*, Tübingen [5]1914

Georg Wilhelm Friedrich Hegel: *Wissenschaft der Logik I,* Frankfurt am Main 1986

Christoph Markschies: *Valentinus Gnosticus?*, Tübingen 1992

Jürgen Moltmann: *Der gekreuzigte Gott*, München [5]1987

Karl-Heinz Ohlig: *Haben wir drei Götter?*, Kevelaer 2014

Sergej O. Prokofieff: *Die himmlische Sophia und das Wesen der Anthroposophie*, Dornach 1995

Karl Rahner: *Der dreifaltige Gott als transzendenter Urgrund der Heilsgeschichte (Schriften zur Theologie Band IV)*, Zürich u.a. 1960

Friedrich Rittelmeyer: *Briefe über das Johannesevangelium*, Stuttgart 1954

—: *Meine Gespräche mit Rudolf Steiner*, Stuttgart 2016

Hans-Werner Schroeder: *Mensch und Engel*, Stuttgart 1979

—: *Friedrich Benesch – Leben und Werk*, Stuttgart 2007

Alfred Schütze: *Vom Wesen der Trinität*, Stuttgart 1954

Bertram Stubenrauch: *Dreifaltigkeit*, Kevelaer 2006

Wilhelm Weischedel (Hrsg.): *Immanuel Kant. Werke in zwölf Bänden, Band IX*, Darmstadt 1971

Die Religion in Geschichte und Gegenwart Band 1, Tübingen [3]1957

Johann Wolfgang von Goethe: *Naturwissenschaftliche Schriften*, hrsg. von Rudolf Steiner (GA 1a), Dornach 1975

Rudolf Steiner: *Grundlinien einer Erkenntnistheorie der Goetheschen Weltanschauung* (GA 2), Dornach 2003

—: *Das Christentum als mystische Tatsache* (GA 8), Dornach 1989

—: *Theosophie* (GA 9), Dornach 2003
—: *Wie erlangt man Erkenntnisse der höheren Welten* (GA 10), Dornach 1993
—: *Aus der Akasha-Chronik* (GA 11), Dornach 1986
—: *Die Geheimwissenschaft im Umriß* (GA 13), Dornach 1989
—: *Vier Mysteriendramen* (GA 14), Dornach 1998
—: *Anthroposophische Leitsätze* (GA 26), Dornach 1998
—: *Mein Lebensgang* (GA 28), Dornach 2000
—: *Lucifer-Gnosis 1903–1908* (GA 34), Dornach 1987
—: *Briefe Band II* (GA 39), Dornach 1953
—: *Wahrspruchworte* (GA 40), Dornach 1998
—: *Die Erkenntnis der Seele und des Geistes* (GA 56), Dornach 1985
—: *Vor dem Tore der Theosophie* (GA 95), Dornach 1990
—: *Das Johannes-Evangelium* (GA 103), Dornach 1995
—: *Geisteswissenschaftliche Menschenkunde* (GA 107), Dornach 1998
—: *Die Evolution vom Gesichtspunkte des Wahrhaftigen* (GA 132), Dornach 1988
—: *Der Mensch im Lichte von Okkultismus, Theosophie und Philosophie* (GA 137), Dornach 1993
—: *Die Verbindung zwischen Lebenden und Toten* (GA 168), Dornach 1995
—: *Bausteine zu einer Erkenntnis des Mysteriums von Golgatha* (GA 175), Dornach 1996
—: *Heilfaktoren für den sozialen Organismus* (GA 198), Dornach 1984
—: *Die Brücke zwischen der Weltgeistigkeit und dem Physischen des Menschen* (GA 202), Dornach 1993
—: *Das Geheimnis der Trinität* (GA 214), Dornach 1999
—: *Die menschliche Seele in ihrem Zusammenhang mit göttlich-geistigen Individualitäten. Die Verinnerlichung der Jahresfeste* (GA 224), Dornach 1991
—: *Seelenübungen* (GA 267), Dornach 2001
—: *Ritualtexte für die Feiern des freien christlichen Religionsunterrichtes* (GA 269), Dornach 1997
—: *Die Erziehungsfrage als soziale Frage* (GA 296), Dornach 1991

—: *Das Zusammenwirken von Ärzten und Seelsorgern* (GA 318), Dornach 1994
—: *Vorträge und Kurse über christlich-religiöses Wirken I*(GA 342), Dornach 1993
—: *Vorträge und Kurse über christlich-religiöses Wirken II*, (GA 343a), Dornach 1993
—: *Vorträge und Kurse über christlich-religiöses Wirken III* (GA 344), Dornach 1994
Beiträge zur Rudolf Steiner Gesamtausgabe Nr. 63, Michaeli 1978

Klimaneutral
Druckprodukt
ClimatePartner.com/53248-2106-1005